ナツメ社 保育シリーズ

実践！ 0・1・2 歳児

わくわく 発達に合った 手作り おもちゃ

西坂小百合・監修

ナツメ社

"手作りおもちゃ"は
なぜ子どもに必要なのか

共立女子大学教授
西坂小百合

子どもの "今" に寄り添い、
発達を促す手作りおもちゃ

　子どもはおもちゃが大好きです。おもちゃは、興味・関心を引きつけ、遊びたい意欲につながります。また、遊び方を工夫したり、挑戦しようとしたり、子どもの創造性や集中を生み出したりすることもあります。保育者の皆さんは、子どもたちの発達の状況に応じて、あるいは興味・関心を読み取って、さまざまなおもちゃを保育の環境の中に用意していることでしょう。

　手作りおもちゃは、そうした子どもの発達の状況や興味・関心に応じてアレンジすることが可能です。素材、色、個数、模様や形などを子どもに合わせて変容させることもできます。また、そのおもちゃをどこで使うのか、どこに置くのかなど、すでにある園環境の中で工夫することもできます。保育のねらいに応じて、子どもたちにこんなことを経験してほしい、こんな気持ちを味わってほしい、といったことも考えることができます。

　手作りおもちゃで、子どもの「やってみたい」「おもしろそう」をひきだす保育環境を整えましょう。

[各年齢の発達と援助のポイント]

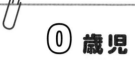

⓪ 歳児

触りたい、やってみたい気持ちを促すおもちゃが最適

　0歳の前半は、首がすわる、ものを掴もうとする、掴んだものを口に持っていこうとする、寝返りなど、手足や全身の動きが活発になり、自分の意思で体を動かそうとするようになります。感覚機能も発達し、周囲の環境を見て、聞いて、自分の周囲の世界のことを認識し始めるころです。見たい、触りたいという気持ちが、寝返りからはいはい、お座り、つかまり立ちから伝い歩きなど、運動機能の発達につながります。

　0歳の後半は、座る、はう、立つ、つたい歩きといった運動機能の発達に伴って、自由に移動できるようになり、自分が行きたいところへ自分で行くことができる喜びを味わいます。触ってみたい、掴んでみたいものがあれば、そこへ向かっていき、活発な探索行動がみられます。保育者をよりどころとしながら周囲の環境に働きかけていくことから、安心して過ごせるようにします。

触ってみたいという気持ちが、はいはいや歩行を促し、発達を後押しします。手作りおもちゃは、そのときの興味・関心に合わせることができるのが利点。

3

多用な遊びに誘い、
言葉を使って遊べる環境を

　歩行が完成するとともに、身体のバランスをとること、手指を使ってものを操作することなどの運動機能も安定し、「自分でやりたい」という気持ちの芽生えにつながっていきます。積極的な探索行動ができるように環境に配慮し、子どもが「やってみたい」と思うような環境を整えることが求められます。

　また、この時期は「見立てる」といった象徴機能の獲得が始まる時期でもあり、言葉の獲得と密接な関わりがあると考えられています。一語文や二語文、指差し、身ぶりなどを用いて、自分の要求や意思を伝えようとします。子どもへの応答がさらなる言葉の獲得につながっていくことから、自分の要求や意思を伝えようとする姿を認め、さまざまな遊びを経験することができるように援助します。

言葉をぐんぐんと吸い込む時期。保育者が間に入りながら、友達と遊ぶことで遊びの幅も広がります。

2 歳児

広がる友達との世界のなかで
関わり方も覚えていく

見立てる遊びが盛んになり、ものを何かに見立てたり、自分が何かのつもりになって「ふり」を楽しむようになる時期です。ままごとなどのかんたんなごっこ遊びなど、イメージを表現して遊ぶことが楽しめるよう援助します。またこうした遊びを繰り返してイメージを膨らませるなかで、あるいは遊びのなかで、言葉を使うことや言葉のやりとりができることの喜びを感じるようになります。

またこの時期は「自己主張」がみられる時期でもあります。これは自分のことは自分でしようとする意欲の高まりや、自分の意志や欲求を言葉で表そうとすることによって、自我が育ち、「自分で」「いや」などと主張する形であらわれてくるものです。このような自我の育ちを積極的に受けとめ、自分でやりたい気持ちを尊重していきます。

次あたしー！

ぼくだ

友達と関わって遊ぶことで、言葉のやりとりが増えていきます。人との関わり方も学ぶ時期です。

もくじ

Part 1　感覚のおもちゃ

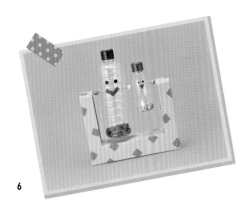

Part 2 手指を使う おもちゃ

Part 3 動く・動かす おもちゃ

番外編 シンプル＆ すぐできる かんたん おもちゃ

Part 4 見立て おもちゃ

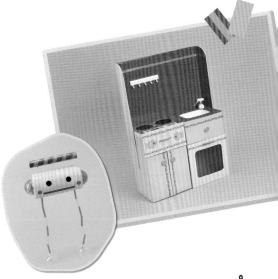

Part 5 遊びが広がるおもちゃ

⚠ 注意事項

・おもちゃで遊ぶときは、誤飲や転倒、ひもの引っかかりなどがないよう安全に十分に注意してください。毎回、おもちゃの状態を確認してください。
・遊びの際は保育者がそばで子どもを見守りましょう。

おもちゃ作りの参考に！

0〜2歳児の発達と遊びのポイント

年齢に応じた「発達の目安」と「遊びのヒント」を紹介します。日々の子どもの発達に合ったおもちゃを選び、作って遊びましょう。

⓪歳 ねんねからお座り、はいはいとめまぐるしく発達する時期

	4〜5か月	6〜8か月
発達の目安	★ 寝返りができ始める ★ うつ伏せの姿勢で体を支えることができる ★ 握ったものを振る、興味のあるものに手を伸ばす	★ ずりばいが始まり、興味のあるところへ行こうとする ★ お座りが安定し、座ったままものを持つことができる ★ 右手と左手でものを持ち替える ★ 喃語（なんご）で大人とやりとりし、自分から相手を呼ぶような声を出す
遊びのヒント	★ 寝返りを促す ★ 触る、握る、振るおもちゃ ★ 目で追う（追視）ことで興味をもつ	★ 掴む、引っ張る、出し入れする、握る、持ち替えるおもちゃ ★ はいはいなどの移動を促す ★ お座りの姿勢を維持して遊ぶ

9か月～11か月

発達の目安

- ⭐ はいはいが「四つばい」や「高ばい」になり、さらにつかまり立ち、伝い歩きになる
- ⭐ 座位からつかまり立ちなど姿勢変換ができる
- ⭐ ものを掴む、乗せる、入れる、くっつける、相手に渡すなどができる
- ⭐ ほしいものがあると声を出し、手や指を向けて示す
- ⭐ 声や身振り手振りで意思表示をする

満1歳～1歳半

- ⭐ 一人歩きが始まり、階段ははいはいで上り下りする
- ⭐ かんたんな問いかけにこたえられる
- ⭐ 自我が芽生え始め、自己主張が強くなる
- ⭐ 大人の言葉をまねする

みーちゃんの！

遊びのヒント

- ⭐ はいはいなどでの横の移動、つかまり立ちなどでの縦の動きを促す
- ⭐ 他者のまねをして遊ぶ

- ⭐ 歩行などの移動を伴う、活発な探索活動を促す遊び
- ⭐ やり取りしながら、発話を促す

満1歳半〜

- ✿ 感情が発達し、気持ちを表す
- ✿ ものを出したり入れたり、渡したりする

- ✿ 歩行が安定し、方向転換や速度の調整ができる
- ✿ しゃがんだ姿勢で遊ぶことができる
- ✿ 発語数が増え、疑問を表したり、「あれ」「これ」などの指示語や「ちょうだい」などを用いて、要求を伝える
- ✿ 大人からの指示に応じて行動する

- ✿ 「自分」を強く意識し始める時期。できていることをほめたり、遊んでいる姿を認めたりする
- ✿ 親指と人差し指でつまむ動きを促す

- ✿ 「もしもし」など動きをまねる遊びや、ままごとのような再現する遊び
- ✿ 「ちょうだい」「これどうぞ」などものやり取りを促す遊び
- ✿ ボールを持って歩く、投げる、追いかけるなどの動きを促す

13

2歳

「見立て」「つもり」のイメージがふくらむ時期

満2歳〜2歳半

発達の目安

- ★ 歩行が完成し、走る・歩く、階段を上り下りすることができる
- ★ イヤイヤ期が現れ、自尊心が芽生える
- ★ 他者の表情を理解するようになる

2歳半〜

- ★ 片足立ち、横歩き、後ろ歩き、つま先立ちなどの移動、ジャンプや片足跳びなどの動きができる
- ★ 友達といっしょに遊びたい気持ちが出てくる
- ★ 自分の要求を言葉で伝える

遊びのヒント

- ★ 人形のお世話やままごとなどを楽しむ
- ★ 指先を使って、ひもを通す、型はめなどの遊びをする
- ★ かんたんなルールのある遊びを楽しむ

- ★ 粘土や砂場など、形を作ったり見立てたりする遊び
- ★ 走る、ジャンプするなど、さまざまに体を動かす遊び

満3歳〜

- ★ 基本的な運動能力が身につく
- ★ ものの貸し借りができたり、順番などがわかり、ルールやきまりを意識するようになる
- ★ 絵本など物語の世界を楽しむ

- ★ かんたんなストーリーのある遊びを楽しめるようにする
- ★ イメージの世界を豊かにする
- ★ 遊びを通して友達との関わりがもてるようにする

清潔&安全な おもちゃの作り方のススメ

造形作家
直伝！

子どもの成長を支えるために衛生面、安全面について造形のプロに聞きました！

🚩 強度重視！
透明テープで補強を！

　子どもが元気いっぱいに遊ぶおもちゃ
は、強度が重要です。色画用紙や包装紙な
どで覆った最後に、全体を透明テープや図
書フィルムなどで補強すると壊れにくく、
消毒や清掃がしやすいおもちゃになりま
す。惜しまず、全体にくまなく貼ることが
ポイント。また、１００円ショップで購入
できるリメイクシートやテーブルクロスも
工夫次第で見た目もかわいく、水分をはじ
くおもちゃを作ることができるのでおすす
めです。

全体を透明テープで
コーティングし、頑丈
に仕上げました。

🚩 誤飲しない、させない
最後のチェック！

　切ったホースやビーズ、小さなパーツな
どを使ったおもちゃで遊ぶ際は、必ず保育
者がそばにつき、目を離さないようにしま
しょう。なんでもなめたり、口に入れたり
してものを確認しようとする乳児クラスで
は、おもちゃのパーツがかんたんに外れな
いように丈夫に作り、現場で目を離さない
ようにして、しっかりと見守ることが一番
大切です。いっしょに遊んで援助しながら、
けがにつながる危険がないか、細かな目線
でチェックしましょう。

3

布もののおもちゃは 洗濯前提で作ろう

　布を使ったおもちゃは、優しくてあたたかみもあり、子どもたちにも大人気。手作りする際は、かんたんに洗えて、乾かすことができるように作りましょう。58ページの「カラフル！無限ティッシュ」のように、箱と布を面ファスナーでつなげておけば、よだれなどで汚れたときもかんたんに洗って乾かすことができます。縫って作るおもちゃはボンドやグルーガンで補強してから縫うと、すぐに壊れず、安心です。

毎日きれいな状態を
キープできる作り！

4

切りっぱなしはNG！ 必ずテープで保護を

　缶やペットボトルを切って使うときは、まずきれいに洗って、乾かしてから使いましょう。そして、カッターナイフやハサミで切った後は切りっぱなしは厳禁。子どもの繊細な肌を傷つける可能性があります。切った切り口は、安全に配慮し、ビニールテープなどで必ず覆いましょう。切った段ボールの角も意外にとがっているときがあるので、保育者の手で遊ぶたびに危険がないかチェックします。

5

頑丈な段ボールを選んで もっと強くしてみよう

　段ボールでおもちゃを作る際は、用途によって"頑丈な"段ボールを選びましょう。段ボール自体がしっかりしているか、くたびれていないか、汚れていないかを確認します。子どもが上に乗ったり、中に入ったりするおもちゃを作る際は、段ボール板を縦目と横目にして重ねて貼り付けると、強度がアップ。上から透明テープなどでコーティングすることで、さらに頑丈にすることができます。

段ボール板を張り合わせて強くした
から、子どもが乗ってもへっちゃら！

本書の特長

point

今の子どもの姿は？

子どもの発達をとらえることで、今にぴったりのおもちゃを作ることができます。

---

point

対象年齢が一目でわかる

対象の年齢はアイコンで一目でわかるようにしました。おもちゃを選ぶ際の参考にしてください。

point

主な素材で探しやすい

メインの素材を大きく示しました。手元にある素材で作りたいときに探しやすくなっています。

point

作り方はかんたん！

身近な素材で、かんたんに作れるおもちゃを厳選。イラストなので、作り方もすぐに理解できます。

Part 1
感覚のおもちゃ

ゆらゆらモビール

ニコニコの果物さんたちが風にゆれる、かわいらしいモビール。丸いリングは、バッグ用の持ち手を利用しました。

子どもの姿

0歳児　1歳児　2歳児　身のまわりのものに興味を示し、動くものを目で追ったり、手を伸ばして触ろうとしたりする。

主な材料

フェルト

カラフルな色がかわいい！

どのくだものが好きかな？

作り方

リボン

リボンをはさんでとめる

切ったフェルトに刺しゅうする

1本に束ねて結ぶ

バッグ用持ち手リング

2回まわして結び、固定する

バランスをみてリングに結びつける

22

導入

生活のなかで自然に遊んで

ベビーベッドやおむつ替えシートなど、子どもが寝ころぶ場所に設置し、「リンゴさんがいるよ〜」と話しかけるとよいでしょう。

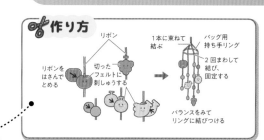

point

導入つきだからわかりやすい！

はじめておもちゃを渡すときのポイントをまとめています。ヒントにしてください。

遊びこみのヒント

つぶやき
ぶどう〜

触りたい！

おむつ替えのときのお楽しみに

おむつ替えのベッドの近くに設置するのもおすすめ。スッキリした後、手を伸ばして触ろうとしています。

言葉かけ
フワフワだね

メロン！

立っちへのやる気を引き出して

子どもが興味をもつように、手の届く高さに設置しても。両足でバランスをとって立ち、手を伸ばしてタッチ！

遊び +α

窓辺に吊り下げ、自然の風で揺れるように設定するのも◎。風の心地よさ、クルクルと回るモビールを楽しみましょう。

Part 1 感覚のおもちゃ

見る
触る
確かめる

23

見る・聞く・触る

感覚
のおもちゃ

子どもの五感を刺激する、感覚のおもちゃ。見たり、聞いたり、触ったり。一対一で対応しながら、ゆったりと遊びましょう。

カラコロ・ボトル

ポンポコだいこ

たのしい！

不思議な音！

鳴らそう！ ガラガラ

ドングリだ！

感触いろいろボード

ザラザラ…！

感覚のおもちゃの ポイント

0 歳児

心地よい音や触り心地で 五感をたっぷり刺激して

触ったり、聞いたり、見たり …とたくさんの体験を重ねられるよう、さまざまな種類のおもちゃを準備します。危険がないように必ず見守りを。

1 歳児

色や言葉も加えて 遊びながら吸収を

遊びへの興味・関心が高まり、遊び方にも個性が出てきます。色に注目したり、言葉を添えたりして遊ぶことで、知的好奇心も刺激します。

2 歳児

友達と楽しみながら 感覚をもっと伸ばしていく

友達といっしょが楽しい時期。一人ではできなかった遊びを体験することで、五感もさらに育ちます。自分の「好き」を伸ばしましょう。

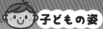

ゆらゆらモビール

ニコニコの果物さんたちが風にゆれる、かわいらしいモビール。丸いリングは、バッグ用の持ち手を利用しました。

😊 子どもの姿

0歳児　**1**歳児　**2**歳児　身のまわりのものに興味を示し、動くものを目で追ったり、手を伸ばして触ろうとしたりする。

カラフルな色がかわいい！

どのくだものが好きかな？

✂ 作り方

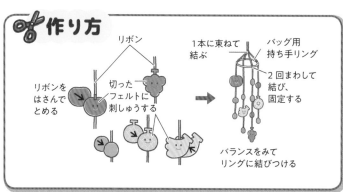

リボン

リボンをはさんでとめる

切ったフェルトに刺しゅうする

1本に束ねて結ぶ

バッグ用持ち手リング

2回まわして結び、固定する

バランスをみてリングに結びつける

▌導入 🐻

生活のなかで自然に遊んで

ベビーベッドやおむつ替えシートなど、子どもが寝ころぶ場所に設置し、「リンゴさんがいるよ〜」と話しかけるとよいでしょう。

🐰 遊びこみのヒント

つぶやき
ぶどう〜

触りたい！

立っちへの
やる気を引き出して

子どもが興味をもつように、
手の届く高さに設置しても。
両足でバランスをとって立
ち、手を伸ばしてタッチ！

▶ おむつ替えのときの
お楽しみに

おむつ替え用ベッドの近くに設置する
のもおすすめ。スッキリした後、手を
伸ばして触ろうとしています。

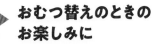
言葉かけ
フワフワだね

メロン！

遊び +α 🐑

窓辺に吊り下げ、自然の風で揺
れるように設定するのも◎。風
の心地よさ、クルクルと回るモ
ビールを楽しみましょう。

オンリーワン写真絵本

手作りなら、"この子だけのための1冊" が可能に。好きなものや色、いつも見ている園風景などをテーマに写真絵本を作ってみましょう。

子どもの姿

0歳児　1歳児　2歳児

絵本を自分でめくってながめたり、ものの名前をつぶやいたりする。好きなものの単語を話す。

好きなものばっかり！

言葉の獲得にもぴったり！

✂ 作り方

ほいくえん絵本

画用紙に文字を書いて貼る

市販のアルバムに画用紙を貼る

写真の大きさに切り抜く

マスキングテープで補強する

ぼくの・わたしの絵本

画用紙にタイトルを書いて貼る

シール

モチーフの形に切った色画用紙を貼る

好きな色絵本

好きな色の同系色の色紙、包装紙、マスキングテープでコラージュする

※いずれも図書フィルムを貼って補強する

導入 🐻

知っているもので言葉を引き出して

ゆっくりとページをめくりながら、「これ、なーんだ」とクイズにしたり、「ネコだね」と聞き取りやすい言葉にして伝えたりします。

遊びこみのヒント

 言葉かけ

見てー！
保育園だよ

ほいくえん絵本

あーっ！

バァ！

大好きな 保育園がいっぱい

園舎や保育者、遊具などの写真を並べ、「園長先生だね」「そう、砂場！」と、いっしょに楽しみました。

手作りの絵本 ならではの楽しみも

切り抜いた穴から、いないいないばぁ！　大好きなのぞき穴を楽しみました。

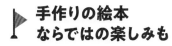 遊び +α

同じクラスの友達の写真で構成しても。「〇〇ちゃんだね」「そう、△△くん！」と、コミュニケーションにつなげましょう。

ぼくの・わたしの絵本

ぼくんちのイヌ、
フワフワだよ

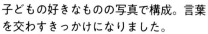

子どもの好きなものの写真で構成。言葉
を交わすきっかけになりました。

ネコ！

好きな色絵本

あおい
しんかんせん！

青、赤、ピンク…その子の好きな色のも
のを集めた写真絵本、思わず夢中！

鳴らそう！ ガラガラ

振れば音の鳴るガラガラは、年齢を問わず大人気。
ものを掴む練習にも、楽器にもなる基本のおもちゃです。

子どもの姿

0 歳児　**1** 歳児　**2** 歳児　　身の回りの気になるものを掴み、触って確かめたり、振って鳴る音に気づいて耳を澄ます。

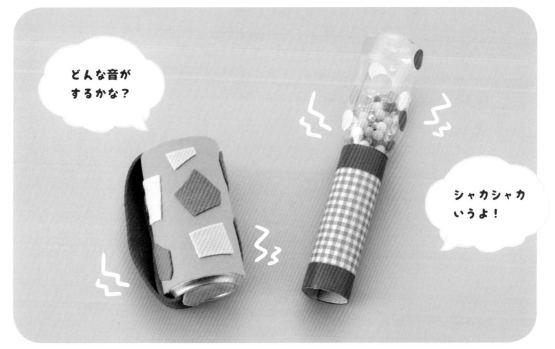

どんな音が
するかな？

シャカシャカ
いうよ！

✂ 作り方

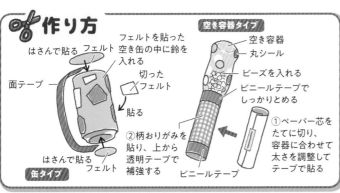

空き容器タイプ

フェルトを貼った
空き缶の中に鈴を
入れる

はさんで貼る フェルト

面テープ

切った
フェルト

貼る

空き容器

丸シール

ビーズを入れる

ビニールテープで
しっかりとめる

はさんで貼る フェルト

②柄おりがみを
貼り、上から
透明テープで
補強する

①ペーパー芯を
たてに切り、
容器に合わせて
太さを調整して
テープで貼る

ビニールテープ

缶タイプ

▌導入

みんなでいっしょに
音を鳴らそう

子どものそばに置いて、興味
をもてるようにします。また、
保育者が音を鳴らして見せ、
「なにか音がするよ」と言っ
て渡してもよいでしょう。

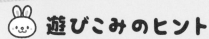
遊びこみのヒント

言葉かけ

シャカシャカ
いうね！

あむ
あむ

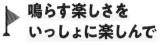
🚩 鳴らす楽しさを
いっしょに楽しんで

手に握ったものを振ると、音が出ることが楽しい時期。不思議そうにしたり、笑みがこぼれたりしました。

なんでも口に入れて確かめる0歳児。おもちゃは清潔を保って。

言葉かけ

こっちは
音が違うね

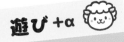
遊び＋α

- 1対1での触れ合いを大切に、ひざの上にのせて、いっしょにガラガラを振ってみたり、音の違いに耳を澄ましたりします。

主な材料

空き容器

1・2歳児になると… 音の違いに気づいたり、転がして音を出す楽しさを味わったりする姿も見られます。

なにが
入ってるのかな?

🚩 音の違いに
気づいてみよう

2つのガラガラを比べて音の違いに気づき、「こっちが好き」と、保育者に伝えました。

🚩 友達といっしょに
振ってみよう

ひとり1つずつガラガラを手にし、音楽に合わせてシャカシャカ。お互いの音を聴き比べ!

カラカラいって
転がる!

🚩 床で転がすと
音が変わる?

振ったときの音と、床で転がしたときの音の違いを発見! 「ほら、違うでしょ!」と教えてくれました。

感覚
のおもちゃ

ポンポコだいこ

ミルク缶を利用したたいこは、どんな音がするかな？
2種類のバチがあることで、音の違いに興味をもてます。

子どもの姿

⓪歳児 ①歳児 ②歳児 音や音楽に興味をもち、リズムに合わせて体を動かす。ものを叩いて音を鳴らす。

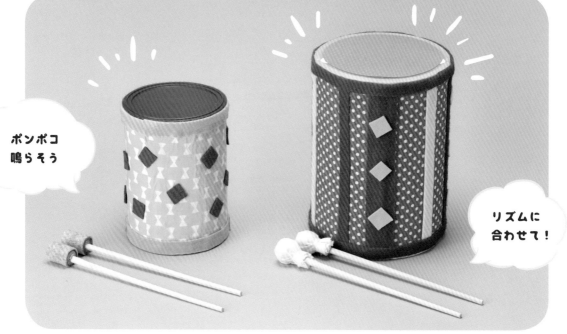

ポンポコ
鳴らそう

リズムに
合わせて！

✂ 作り方

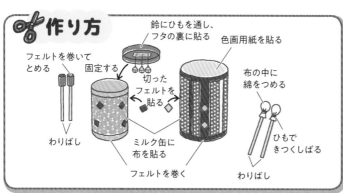

フェルトを巻いてとめる

固定する

鈴にひもを通し、フタの裏に貼る

切ったフェルトを貼る

色画用紙を貼る

布の中に綿をつめる

わりばし

ミルク缶に布を貼る

フェルトを巻く

ひもできつくしばる

わりばし

▌導入 🐻

音楽に合わせて叩いて見せて

保育者が最初に叩いて見せ、「やってみる？」とバチを渡したり、2種類のバチを選ばせたりします。好きな音楽を流して、リズムを合わせても。

遊びこみのヒント

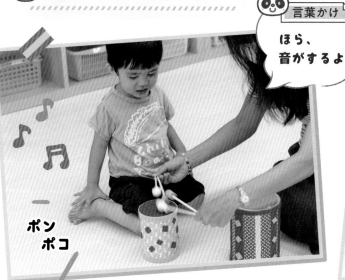

言葉かけ
ほら、音がするよ

ポンポコ

つぶやき
どっちにしようかなぁ

バチやたいこの違いに気づけるように

たいこの大きさやバチによって音が違うことに気づき、興味を示しました。

好きな曲に合わせてトントントン

馴染みのあるうたを保育者が歌うと、いっしょに歌いながらたいこをトントン！

おーうまーのしっぽー♪

遊び+α

サイズの違う缶や、バケツの底など違う素材で作ったたいこと組み合わせ、音の違いを楽しむのもおすすめです。

31

見てー！
速く叩けるよ

慣れているのか、トコトコトコと連打！
ほめると笑顔を見せてくれました。

音楽に合わせて叩いた後は、最後
にキメポーズ！

いっしょに
叩くー！

慣れている2歳児の様
子を見て、1歳児もい
っしょにトントン。「こ
うだよ」と、教えてあ
げました。

言葉かけ

**トン、トン、
いい音ね**

ゆっくりと目の前
で叩いて見せると
興味津々。じっと
たいこを見つめて
います。

鳴らす

叩く

合わ
せる

言葉かけ

**手を広げて
パンパンパン♪**

バチは０歳児には
危ないので、手で
叩くように導きま
す。パンパンと叩
いてご機嫌です。

遊び＋α

たいこの中にもっと鈴を
入れたり、ふたに貼る素
材を変えたり、変化を加
えても。長く遊べるおもち
ゃなので飽きない工夫を。

カラコロ・ボトル

ペットボトルを手でまわすと、カラカラと軽快に回ります。
中に入れるものを変えると、音や回り方が変わります。

😊 子どもの姿

| 0 歳児 | 1 歳児 | 2 歳児 |

動くものに興味をもち、自分が動かしたものの行方を目で追う。
工夫して動かそうとする。

主な材料

ペットボトル

どんなふうに
回るかな？

音の違いを
聞いてみよう

✂ 作り方

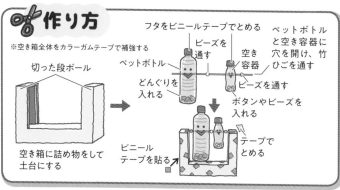

※空き箱全体をカラーガムテープで補強する

切った段ボール

空き箱に詰め物をして
土台にする

フタをビニールテープでとめる

ビーズを
通す

ペットボトル

どんぐりを
入れる

ペットボトル
と空き容器に
穴を開け、竹
ひごを通す

空き
容器

ビーズを通す

ボタンやビーズを
入れる

ビニール
テープを貼る

テープで
とめる

| 導入 🐻

回し方の
手本を見せよう

保育者が土台を支えながら、
「回るよ」と言いながら手本
を見せましょう。回し方のコ
ツや音の違いに気づけるよ
う、いっしょに遊びます。

🐰 遊びこみのヒント

 つぶやき

**クルクル
回ったよ！**

▶ **回し方に変化をつけて
じっくり見てみた！**

大きさの違うボトルをそれぞれ回し、視線の高さをおもちゃに合わせて、その様子をじっくり見ました。

言葉かけ

**おもしろい
音がするね！**

▶ **クルクルと
回す楽しさを**

保育者が補助することで、自分でペットボトルを掴んで回し、できた喜びを保育者と共有します。

遊び +α

複数作り、子どもが友達といっしょに遊べるようにします。音の違いに気づくなど、子ども同士で遊びが広がります。

感触いろいろボード

ザラザラ、フワフワ、ボコボコの窓。触って楽しいおうちの形の
ボードで、指先に刺激を与えましょう。

子どもの姿

| 0歳児 | 1歳児 | 2歳児 |

感触の違いを楽しもうとする。保育者といっしょに触ってみる
ことで、そのおもしろさに気づく。

感触の違いを
楽しもう！

どの触り心地が
好きかな？

✂作り方

切った
段ボール板に
布を貼る

テープで
貼る

↓

窓の形に
くりぬき、
一回り小さく切る

ヨコ 60cm
×タテ 40cm
程度

| A | B | C |

開けた穴にはめ込み、
裏からテープでとめる

A
体洗い用
ネットを貼る

B
モコモコ
生地を
貼る

C
片段ボール
を貼る

▌導入 🐻

初めての感触を
じっくり味わって

保育者が触って見せ、「ここ
はモコモコだよ、こっちはど
うかな？」などと話しかけな
がら、自ら触りたい気持ちに
なるまで見守りましょう。

🐰 遊びこみのヒント

言葉かけ

ここ、触ってごらん、気持ちいいよ！

▶ みんなでいっしょに 触ってみよう

そーっとボードを触っている友達の様子をみて、挑戦。変わりばんこに触って、感触の違いを楽しみました。

▶ 好きな感触は ずっと楽しむ！

床に置いたボードの、窓の部分を交互に指先で確認。気に入ったモコモコの部分をずっと触っています。

フワフワだ～

遊び +α 🐑

感触のほか、それぞれの色に注目できるような言葉かけを。「青くてザラザラね」「白いフワフワ、触ってごらん」などと伝えます。

はいはいクッションロード

洗濯ネットを利用した、感触遊び用のミニマット。道のようにつなげれば、さまざまな素材の感触を楽しみながらはいはいができます。

子どもの姿

| 0歳児 | 1歳児 | 2歳児 |

はいはいで移動し、体全体で感触を楽しむ。興味のあるものにはいはいで近づいたり、触って確かめようとしたりする。

ボールは
どこにあるかな

フワフワ、
クッションだよ

✂ 作り方

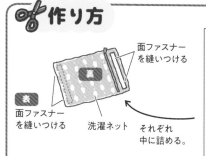

面ファスナー
を縫いつける

裏

表
面ファスナー
を縫いつける　　洗濯ネット

それぞれ
中に詰める。

※オモテ面を上にしてつなげて使用する

 エアパッキン

ヌードクッション

 ボール

 プールスティック

 エアクッション

🐻 導入

**まずは上に乗って
中身を確かめてみよう**

子どもの近くに設置し、「こっちとこっち、中身が違うよ」と、座ったままいっしょに触ります。はいはいで進むときは近くで見守りましょう。

遊びこみのヒント

つぶやき
触り心地が
違う？

はいはいのやる気が ぐんぐんアップ！

フワフワだったり、カサカサだったりと感触や音の違いに気づき、はいはいを楽しみます。

言葉かけ
おいで、
おいで〜！

中のものが気になって 時間をかけて観察

不思議な感触に気づき、じっくりと観察。指先で押したり、なでたりしました。

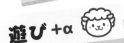

遊び+α

- 洗濯ネットのつなげ方は、日によって変えてみましょう。触り心地を「フワフワだね」「コロコロしてるよ」と言葉に表して。

むぎゅむぎゅおさかな

握ったときの感触が楽しいおもちゃ。3つの感触の違いに気づけるよう促しましょう。保育者もいっしょに触って遊び、楽しさを共有して。

子どもの姿

⓪歳児　①歳児　②歳児　いろいろなものに触れ、五感を使って楽しもうとする。保育者といっしょに遊びを楽しむ。

ジャラジャラの
感触はどれ？

不思議な
触りごこち！

✂ 作り方

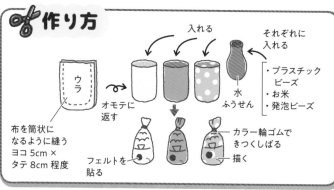

入れる

それぞれに
入れる

・プラスチック
　ビーズ
・お米
・発泡ビーズ

水
ふうせん

ウラ

オモテに
返す

布を筒状に
なるように縫う
ヨコ 5cm ×
タテ 8cm 程度

フェルトを
貼る

カラー輪ゴムで
きつくしばる

描く

🐻 導入

**色の違いにも
気づける言葉かけを**

「ピンクのおさかな、握ってみよう」と誘い、「水色のおさかなはどうかな」と、感触の違いのほか、色の違いにも気づけるようにします。

🐰 遊びこみのヒント

🚩 不思議だな？
なんだろう？

そーっと持ち、指先で中の感触を探りました。別の色のおさかなを触り、また戻り…と、探求心いっぱい。

😺 つぶやき

どうぞ！

😺 つぶやき

こっちの
感触が好き！

🐑 遊び +α

中身が同じもののペアをいくつか作り、感触が同じものを指先で探すゲームも楽しいです。保育者といっしょに楽しめます。

🚩 台の上にのせて
じっくり観察！

立ったまま、ちょうどいい高さの台で好きな感触を確認中。指を細かく動かしていました。

つまむ・ひっぱる・つなぐ

手指を使う おもちゃ

指を細かく動かしたり、力を調整したり。発達に適したおもちゃで遊ぶことで、手指の巧緻性や目と手の協応性が向上します。

おきがえ
虫さん

めくってこんにちは

いっぱい
めくりたい！

パッチンでんしゃ

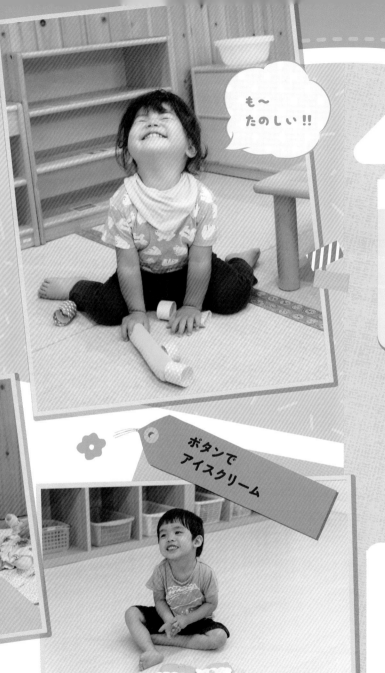

も〜
たのしい!!

ボタンで
アイスクリーム

手指を使う
おもちゃのポイント

0 歳児

**握って、離して
両手で操作する**

ものを持って、自分の意思で
離せるようになるのは生後6
か月くらいから。つまんでも
のを落とすおもちゃや移し替
えが大好きになります。

1 歳児

**少しずつ自分で
やる楽しさを**

指先でつまんだり、つなげて
遊ぶ楽しさが増してきます。
型はめや、マグネット遊びな
ど少し難しい遊びも集中して
行えるように。

2 歳児

**ボタンやファスナーの
扱いも遊びの中で覚える**

手先もずいぶんと器用にな
り、遊びの中でボタンやファ
スナーの扱いを覚えます。土
や粘土など形が自在に変わる
素材もおすすめの時期。

にぎにぎブーブー

0歳児の手にちょうどいいサイズの動物のにぎにぎ。好きな車に動物たちを乗せてあげたり、色を合わせたりして遊びましょう。

子どもの姿

⓪歳児 1歳児 2歳児　興味のあるものを触ったり、握ったりする。握ったものを離すことができる。

黄色いネコさんは黄色い車！

ブーブー
車に乗せてね

✂️ 作り方

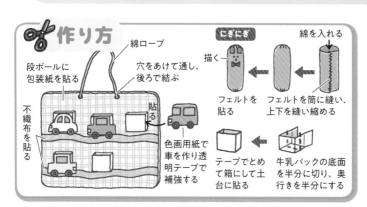

段ボールに包装紙を貼る

綿ロープ

穴をあけて通し、後ろで結ぶ

不織布を貼る

貼る

色画用紙で車を作り透明テープで補強する

にぎにぎ

描く　綿を入れる

フェルトを貼る　←　フェルトを筒に縫い、上下を縫い縮める

テープでとめて箱にして土台に貼る　←　牛乳パックの底面を半分に切り、奥行きを半分にする

🐻 導入

ワンワン、ブーブー。擬音を楽しみながら

ものを入れ替えたり、握ったりするのが大好きな時期。犬を「ワンワン」、車を「ブーブー」と擬音で表し、いっしょに遊びましょう。

🐰 遊びこみのヒント

言葉かけ

触ってごらん、
かわいいよ

触って
大丈夫かな？

▶ **安心して遊べるよう
どんなものかよく見せて**

初めて見るおもちゃに、驚いた様子。
手にとって遊ぶうちに慣れて、何度も
出し入れを楽しみました。

こっちの車が
いいな！

▶ **手のひらサイズだから
握って楽しい！**

フェルトと綿でできた、握りや
すい人形。にぎにぎと手指を存
分に動かして遊ぶことができま
した。

遊び +α 🐑

保育者が素話で、人形を主人公
にしたお話を展開し、同じイメ
ージで遊ぶのも◎。お出かけし
たり、車に乗ったり、子どもに
合わせて盛り上がって。

▶ **いっしょに遊んで
どんどん出し入れ**

友達といっしょに遊ぶことで、人形を
出したり、入れたり、渡したり。遊び
が広がりました。

Part **2** 手指を使うおもちゃ

握る
出す
入れる

ホースとリボンの輪っか

大人が見るとなんでもない輪っかも、子どもに渡せば遊びの世界が広がる魔法の輪っかに。持つだけでも楽しくなるリングです。

子どもの姿

0歳児　1歳児　2歳児

ものを見立てて遊ぶ。自分の世界のなかのイメージを広げて遊ぶ。

主な材料

ホース

カラフルで楽しい！

素材やサイズがいろいろ！

✂ 作り方

切り込みを数か所入れる

3本の布を細長く切り、三つ編みにして結ぶ

片方を差しこんで輪にし、ビニールテープでとめる

透明か半透明のホースをいろいろな長さに切り、中に鈴やビーズ、ぽんてんを入れる

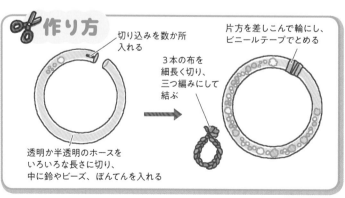

🐻 導入

まずは何も言わずに置いてみて

子どもの自由な発想を邪魔しないよう、あえて何も言わずにそっと子どもの近くに置きます。子どものイメージに合わせた言葉かけを。

遊びこみのヒント

ジャーン、
すてきでしょ！

▶ もしかして天使の輪!?
頭に乗せる子、続出

保育者が何も言わずに渡して
みると、そっと自分の頭に乗
せてこの笑顔。なんだか楽し
くなってきたみたい！

つぶやき

ブッブー
通りまーす

▶ いないいなーい…
ばぁ!?

リングの間から顔を覗かせて、ばぁ！
保育者や友達と繰り返し、会釈をした
り微笑み合ったりしていました。

▶ 運転手気分で
保育室内をお散歩

手に持っているだけで、気分
上々！　ハンドルのように持ちな
がら、保育室内を散歩しました。

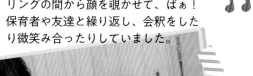

遊び +α

リングの扱いに慣れてきたら、
コロコロと転がしてみたり、投
げ輪のように投げてみたり、輪
っかの形状を利用した遊びに誘
ってみましょう。

掴めるパックボール

牛乳パックでつくった、掴めるところがたくさんくっついたボール。丸いボールよりも指が入りやすく、軽いので簡単に投げられます。

子どもの姿

| 0歳児 | 1歳児 | 2歳児 |

指先でものをつかもうとする。左右の手を使って、ものを持ちながら歩くことができる。感触の違いを楽しむ。

片手で
持てるよ

ポーンと
投げてみて！

作り方

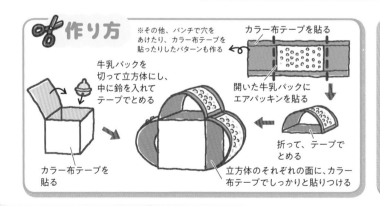

※その他、パンチで穴をあけたり、カラー布テープを貼ったりしたパターンも作る

カラー布テープを貼る

牛乳パックを切って立方体にし、中に鈴を入れてテープでとめる

開いた牛乳パックにエアパッキンを貼る

折って、テープでとめる

カラー布テープを貼る

立方体のそれぞれの面に、カラー布テープでしっかりと貼りつける

導入

保育者が渡すと安心

保育者が手で持って見せながら「軽いから、○○ちゃんも持てるよ」「投げてごらん」などと促しましょう。触り心地の違いにも注目して。

遊びこみのヒント

コロコロ…

プチプチ
してる！

▶ 持ってみると軽いから 投げたくなる！

持ってみると軽いことがわかり、両手
で投げては拾ってを繰り返します。

▶ 坂道を使って 転がしてみても

段ボールで作った坂道で、ボー
ルが転がってくると手で止め
て、また転がして楽しみます。

次は、
ぼく！

遊び +α

保育者と子どもで、順番に投げ
合ったり、転がしたり。「いくよ、
そーれ！」などと声をかけあっ
て、やりとりをしながら遊びま
しょう。

⚠ ものの取り合いは 数が揃えばなくなる！

おもちゃの数が足りないと、取り合い
が発生します。みんなが満足できるよ
う、数を揃えるようにしましょう。

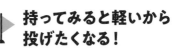

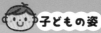

Part 2

手指を使うおもちゃ

フェルトのリング

少し硬めに作ったいろいろな形の片割れのリング。積み上げたり、つなげたり、いろいろな遊びが広がります。

子どもの姿

0歳児　1歳児　2歳児

指先を使ってつかんだり、つまんだりして遊ぶ。おもちゃを組み合わせ、並べたり、重ねたりすることを楽しむ。

主な材料

フェルト

ひっかけたり、つなげたり！

大きさ、形、色もいろいろ！

作り方

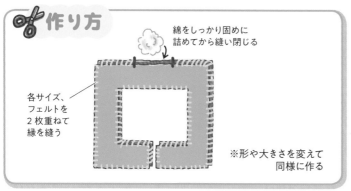

綿をしっかり固めに詰めてから縫い閉じる

各サイズ、フェルトを2枚重ねて縁を縫う

※形や大きさを変えて同様に作る

導入

たくさんあるメリットを生かして

いろいろな色、サイズが揃っていることで、遊びに広がりが出ます。「たくさんあるよ」「どの色が好きかな?」と楽しく話しかけましょう。

🐰 遊びこみのヒント

Part 2 手指を使うおもちゃ

つなげる
重ねる
運ぶ

▷ **自由な発想で遊びが広がる!**

リングを自分の脚に通したり、手にもってお散歩したり。子どもならではの遊びが広がります。

言葉かけ 🐼
脚にはめたんだね!

歩いてみる〜!

つぶやき 🐱
見て、見て!うまくいった!

▷ **軽いから頭に乗せたくなる!?**

重ねたリングを頭に乗せてもらってすてきな帽子に。「先生、乗せてー!」と、新たな楽しみ方を見出します。

遊び+α 🐑

リング同士をつなげる遊びの際、「丸をつなげたんだね」「オレンジと水色だよ」と、形や色の名前を伝えるようにすると、語彙が広がっていきます。

51

つぶやき

いっぱい
持てたよ！

▶ **たくさん運んで
大満足！**

大きいリングを集めたら、順番
に重ねて持って歩きました。誇
らしげな表情で「すごいでし
ょ！」

たくさん
集めたよ

▶ **散らばったリングを
一心に集めて**

遊んでいるうちに部屋中に散ら
ばったリングを、一人でコツコ
ツと集めて大満足。

遊び +α

- リング＝つなげる、という固定
  概念は捨てて、子どもの自由な
  発想に任せて遊びましょう。集
  める、運ぶも楽しい遊びに。

つぶやき

大きい……
小さい……

▶ 大きさを見極めて
仕分けて並び替え！

大きさ、色、形などの違いに気づいて、同じ仲間を集めて並べています。

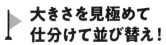

Part 2 手指を使うおもちゃ

つなげる

重ねる

運ぶ

まだまだ
いけるぞ

▶ テーブルの端に
たくさんぶら下げた！

テーブルの端に吊り下げる遊びを思いつき、時間をかけてうまくぶら下がるポイントを探しています。

マトリョーシ缶

缶のなかに入れ子で収納できる、マトリョーシカのような筒のセット。子どもの発想がどんどん膨らみます。

子どもの姿

⓪歳児 ①歳児 ②歳児　指先を使って集中して遊ぶ。大きさの違いに注目し、並べたり重ねたりして楽しむ。

どの順番？

お片づけ、できるかな？

✂作り方

入れ子になる缶、空き容器、ペーパー芯などを用意し、包装紙や色画用紙を貼り、図書フィルムで補強する。

缶のフチをテープで貼る　　フェルトを貼る

フェルト（耳）を貼る

色画用紙で動物の顔をつくって貼る

📍導入

出すところからいっしょに見て

ゾウの缶から、中を出すところをいっしょに見ながら、「わぁ、たくさん入っているね」「おもしろいよ」と、遊びに誘いましょう。

遊びこみのヒント

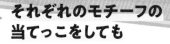

こうしたら
積めたよ！

▶ それぞれのモチーフの当てっこをしても

色と動物のモチーフを記憶し、裏返った缶を拾い上げながら「この缶は、うさぎさん」と当てっこ。みごと、正解です！

▶ 順番を考えてたかーく積んで

入れ子にして遊んだ後、今度は逆さまにして積み重ねます。すてきな発見！

▶ どの順番で入れるとうまくいくかな？

「うーん、どういう順番だったかな」と考えながら、大小の組み合わせを考えています。

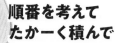

えーと、
次はどれかな

遊び +α

缶をそれぞれボウリングのピンのように並べて、ボールを転がして倒すゲームも楽しいです。安全に配慮し、トライしましょう。

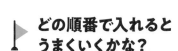

おきがえ虫さん

ひも通しの前段階にぴったりのおもちゃ。カラフルな紙芯の洋服を、虫さんにはめて遊びましょう。色や柄の組み合わせを考えるのも楽しい！

子どもの姿

⓪歳児　①歳児　②歳児　指先を使った遊びを楽しむ。ものの大きさの違いに気づき、組み合わせを考える。並べたりして遊ぶ。

かわいい服を
着せてみて！

どうしたら
やりやすいかな？

✂ 作り方

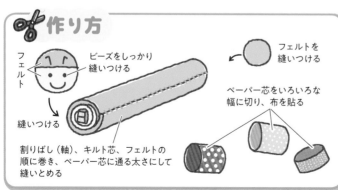

フェルト

ビーズをしっかり
縫いつける

縫いつける

割りばし（軸）、キルト芯、フェルトの
順に巻き、ペーパー芯に通る太さにして
縫いとめる

フェルトを
縫いつける

ペーパー芯をいろいろな
幅に切り、布を貼る

▌導入 🐻

手伝いながら
取り組む姿を応援

最初は戸惑いながら挑戦するので、手の使い方や力加減を言葉で補いながら、援助しましょう。自分でやろうとする姿を応援します。

🐰 遊びこみのヒント

▶ 先生、どうしたら うまくできるの？

最初はうまくいかず、保育者の手を借りながらやり方を考え、試行錯誤して手を動かしています。

▶ コツがわかったら どんどんできる！

一度やり方がわかったら、洋服の紙芯をどんどんはめていきます。

▶ 友達の挑戦する姿を 応援したり、教えたり

やり方を知らない友達が挑戦する様子を隣で見守り、手を貸す姿も。いっしょに楽しむことができました。

▶ 新たなやり方を 発見！

子どもは遊びの天才。もっと手軽な方法を編み出します。「こうすれば簡単だよー」

遊び +α

穴に棒状のものを通す練習ができたら、太めのロープを紙芯に通すなど、段階を踏んでひも通しに慣れていくのもおすすめです。

カラフル！ 無限ティッシュ

ティッシュケースの中の布を引っ張ると、シュルシュルとカラフルな布がどんどん
出てくる！ カラフルな布は別の遊びに使っても。

子どもの姿

⓪ 歳児　① 歳児　② 歳児　ものを指先でつまんだり、引っ張ったりし、不思議に思ったことを試してみる。

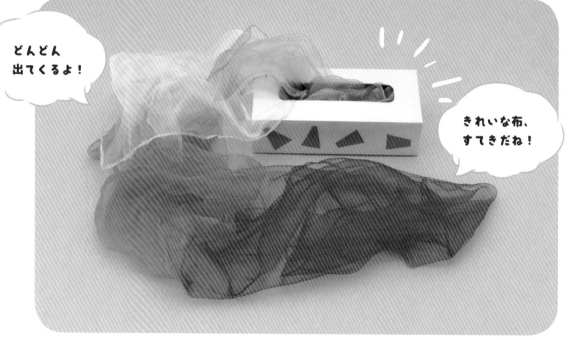

どんどん
出てくるよ！

きれいな布、
すてきだね！

✂ 作り方

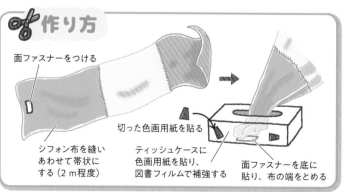

面ファスナーをつける

シフォン布を縫い
あわせて帯状に
する（2 m程度）

切った色画用紙を貼る

ティッシュケースに
色画用紙を貼り、
図書フィルムで補強する

面ファスナーを底に
貼り、布の端をとめる

┃ 導入 🐻

布の先に
興味をもてるように

ティッシュケースから、少し
だけ布の先を出しておき、「見
て、この布不思議だね」と興
味を引きましょう。布の触り
心地も楽しんで。

58

🐰 遊びこみのヒント

🐼 言葉かけ

引っ張ってー！

▶ 次々出てくる
色とりどりの布にびっくり

保育者の言葉かけに反応し、布を引っ張ってみたら、つながった布にびっくり!?　最後まで引っ張り出しました。

ふしぎ
だなぁ

▶ 不思議な布を
熱心に研究中

どんどん出てくる不思議な布を、じっくりと手に取って眺めました。指先で手触りも確認しています。

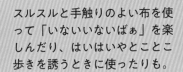

遊び ＋α 🐑

スルスルと手触りのよい布を使って「いないいないばぁ」を楽しんだり、はいはいやとことこ歩きを誘うときに使ったりも。

▶ 虹色のトンネルが
キラキラしてきれい！

布の端を壁に結び、子どもの上をトンネルのように渡すと、みんなでいっしょに通り抜けました。

Part 2 手指を使うおもちゃ

引っ張る

つまむ

見る

59

引っ張りっこ布

ひもを引っ張る動作は、手指の動きや力加減を養えます。かわいいモチーフで興味・関心を引き出しながら、引っ張り遊びを楽しみましょう。

子どもの姿

⓪ 歳児　① 歳児　② 歳児　　手指でものをつまんだり、引っ張ったりする。興味のあるものを触って確かめようとする。

主な材料

布・フェルト

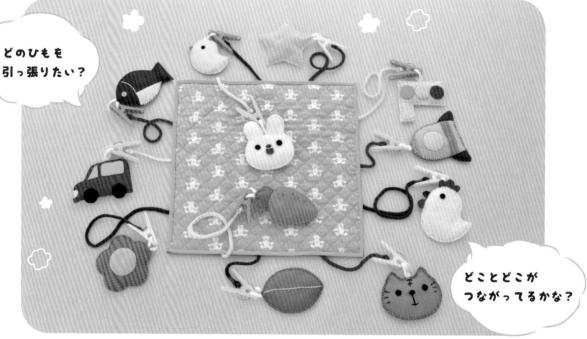

どのひもを
引っ張りたい？

どことどこが
つながってるかな？

✂️ 作り方

※ウサギとニンジンなど対になるようにフェルトでモチーフを作る

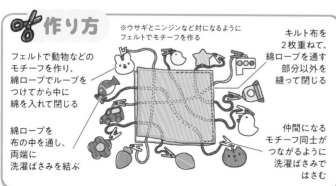

フェルトで動物などのモチーフを作り、綿ロープでループをつけてから中に綿を入れて閉じる

綿ロープを布の中を通し、両端に洗濯ばさみを結ぶ

キルト布を2枚重ねて、綿ロープを通す部分以外を縫って閉じる

仲間になるモチーフ同士がつながるように洗濯ばさみではさむ

🐻 導入

モチーフやひもを引っ張る楽しさを

「ネコさんがいるよ」などと言葉をかけながら、ひもの引っ張り方の手本を見せます。土台の布を支えて、引っ張ると動くことを楽しみましょう。

遊びこみのヒント

つぶやき

**ブーン
ブッブー**

言葉かけ

**ここを
引っ張ってみよう**

▶ 時間をかけて じっくりと考えて

引っ張るとつながっている別のモチーフが動くことを保育者に教えてもらうと、自らモチーフを選び、引っ張りました。

2歳になると…

「ウサギとニンジンは仲間!」などと、どのモチーフ同士が仲間かを理解し、遊びに取り入れて楽しめるように。

**車は
信号と仲間だよ**

**やったあ!
当たったよ!**

▶ 関係に気づいて 予測もできた!

おもちゃの仕組みに気づき、「じゃあ、車と信号だね」「にわとりとひよこだ!」と、予測を立てながら遊ぶことができました。

めくってこんにちは

カラフルなフラップをめくってみると…。表情について話したり、みんなで誰が出てくるかクイズにしたりしても楽しいですね。

 子どもの姿

⓪歳児　①歳児　②歳児　めくる動作で遊びながら、楽しさを共有する。ものの名前を言ったり、表情から気持ちを予測する。

主な材料

段ボール

だれが隠れてるかな？

ライオンさんはどんな表情？

✂ 作り方

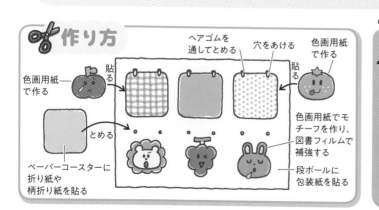

色画用紙で作る

貼る

ヘアゴムを通してとめる　穴をあける　色画用紙で作る

貼る

とめる

ペーパーコースターに折り紙や柄折り紙を貼る

色画用紙でモチーフを作り、図書フィルムで補強する

段ボールに包装紙を貼る

導入 🐻

楽しい掛け合いで遊んでも

はじめは保育者が「だれかな？」と問いかけながらじらしてめくってみて。動物や果物の名前や色、表情を言葉にして伝えましょう。

遊びこみのヒント

言葉かけ

どこから
めくる？

▶ 誰がいたっけ？
みんなで当てっこ！

保育者が問いかけると、子どもたちが
口々に動物や果物の名前を言い、当て
っこが盛り上がりました。

ぼくが
めくるよ！

▶ 慣れてきたら
自分たちで楽しめる

子ども同士で「ここめくる？」「ここ
はリンゴさんだよ」と遊びながら会話
を楽しみます。

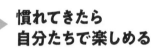

ほらー、
タヌキさん！

遊び +α

同じモチーフを書いたカードを
用意し、そのカードと同じモチ
ーフを探すゲームにしても。保
育者とやりとりしながらいっし
ょに遊びましょう。

くっつきボード

大きな口を開けているくまさんに、好きな食べ物をあげましょう。磁石のくっついたり離したりの感覚も楽しめます。

👶子どもの姿

0歳児 **1歳児** **2歳児** ものの形に注目し、並べたり重ねたりして遊ぶ。シール遊びなどくっつける遊びを楽しむ。

主な材料

磁石シート

もぐもぐ、
リンゴだよ

おいしいケーキ、
ありがとう

✂作り方

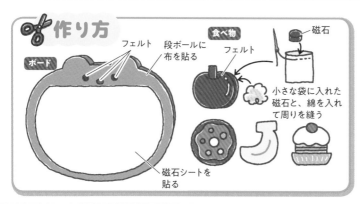

フェルト

ボード

段ボールに布を貼る

食べ物

磁石

フェルト

小さな袋に入れた磁石と、綿を入れて周りを縫う

磁石シートを貼る

📍導入 🐻

やりとりを言葉で表して

「リンゴをくださいな」「ありがとう」「いただきます」など、保育者がクマさんになって、言葉のやりとりを促しましょう。発語にもつながります。

🐰 遊びこみのヒント

🚩 **リンゴさんだね、
もぐ、もぐ、もぐ**

リンゴのモチーフを手にとり、
自分の口元に持っていき「もぐ、
もぐ」。とってもおいしそう！

リンゴ！

**クマさん、
なにが欲しいかな**

🐱 **つぶやき**

**まずは
バナナから…**

🚩 **並べ方を考えながら
くっつきを楽しんで**

時間をかけてくっつけたり、傾けたり。
モチーフのバランスを考えながら遊ん
でいます。

**うん、
これがいい！**

🐑 **遊び +α**

土台を壁に設置し、くっつくもの、く
っつかないものを比べてみても。磁石
の不思議さに注目し、くっついたり離
れたりの感覚も楽しみましょう。

ループをつなごう

面ファスナーで長くつなげたり、輪っかにしてつなげたり自由自在！ くっつけたり、ベリベリとはがしたりの感覚も楽しめます。

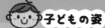子どもの姿

0歳児 1歳児 2歳児 つなげたり、重ねたりするおもちゃを楽しむ。自分なりに工夫して遊ぼうとする。

どれとどれをつなげたい？

輪っかにもなるよ！

✂作り方

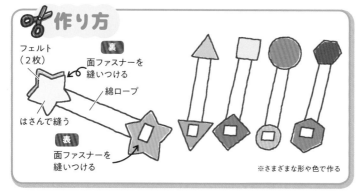

フェルト（2枚）

裏 面ファスナーを縫いつける

綿ロープ

はさんで縫う

表 面ファスナーを縫いつける

※さまざまな形や色で作る

導入

形や色にも注目してみよう

くっついた状態で置いておきます。「丸と三角をくっつけてみる？」「青とむらさきにしたのね」と、形や色を言葉にして伝えましょう。

66

🐰 遊びこみのヒント

▶ 長くつなげて 引っ張って散歩！

まっすぐ長くつなげると、保育室内をそのまま散歩。長くつなげられた喜びを味わいます。

できた！

▶ 途中までのものを 渡して、完成！

保育者が輪っかをつなげた状態で渡すと、最後のひとつに挑戦しました。

▶ どれとどれがくっつくか じっくりと考える！

面ファスナーの組み合わせに気づき、どれとどれがうまくつながるか、考えます。仕組みに気づいて、スッキリ！

🐱 つぶやき
これとこれは くっつかないんだ！

遊び +α 🐑

- 保育者が作った形と同じものをつくる、真似っこ遊びを楽しみましょう。横に並んで、同じ向きで考えましょう。

パッチンでんしゃ

スナップボタンの練習にぴったりの、つながるおもちゃ。どうしたらくっつくか、いっしょに考えながら遊びましょう。

 子どもの姿

| ◎ 0歳児 | 1歳児 | 2歳児 |

並べたり、つなげたりする遊びを集中して楽しむ。スナップボタンに興味をもつ。

主な材料

スナップボタン

パッチン、はめてみよう

どんどん 長くしてね！

✂ 作り方

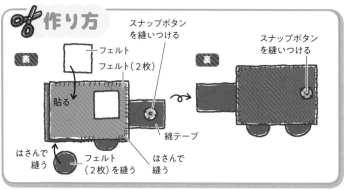

表
- フェルト
- フェルト（2枚）
- スナップボタンを縫いつける
- 貼る
- はさんで縫う
- フェルト（2枚）を縫う
- はさんで縫う
- 綿テープ

裏
- スナップボタンを縫いつける

▌導入

保育者もいっしょにパッチン！

スナップボタンの合わせ方や力の入れ方をいっしょに遊びながらていねいに伝えます。最初にパッチンするときは手を添えて、コツを教えましょう。

🐰 遊びこみのヒント

こことここが
くっつくはず…

▶ **うーん…
どうしたらくっつく？**

どうすればパッチンできる
か、考えています。保育者に
少し助けてもらいながら挑戦
します。

へこんでる
ところが
ヒントだ！

▶ **コツを覚えたら
どんどんつながった！**

保育者につなげ方を教えてもらうと、
コツがわかってどんどんつなげること
ができました。

つぶやき
こことここで
パッチン！

遊び +α 🐑

長くつなげた電車を、「ガタン、
ゴトン」と走らせて遊びましょ
う。同じ色同士をつなげるなど、
遊び方を工夫しても。

シュシュはめちゃん

力加減にコツのいる遊びですが、一度理解すると集中して遊びます。手指を自在に動かす練習にぴったりです。

子どもの姿

0歳児 **1歳児** **2歳児** ものをつまんだり、細かい作業ができる。興味関心をもって新しいことに挑戦する。

ペットボトルをおしゃれにしよう

振るとシャカシャカいうよ

作り方

市販のシュシュ

バッグ
- 端をカラービニールテープで覆う
- リボン
- 切ったペットボトル（500ml）
- カラービニールテープではさんでとめる

お人形
- リボンを結ぶ
- 貼る
- フェルトを貼る
- スチレンボールに顔を描く
- 強力ボンドで貼る
- はさんでカラービニールテープで貼る
- ペットボトルにビーズを入れる
- 綿ロープを結ぶ

導入

伸ばして、はめる動作を覚えて

シュシュをはめる動作は、はじめは難しいもの。手本を見せ、いっしょに遊びながらコツを伝えます。慣れてきたら、子どもの発想を尊重して。

遊びこみのヒント

ピンクの
お洋服！

伸ばして
通すんだよ

▶ **先生といっしょに
はめられたよ！**

最初は保育者といっしょ
に。好きな色を伝えなが
ら、やってみます。

ここで
伸ばして…

ぐっと
するんだよ！

▶ **思い通りに
おしゃれが完成！**

指先で上手にシュシュを開
き、次々に通すことができ、
自信につながりました。

▶ **おしゃれにした
バッグでお散歩**

保育者といっしょにお気に
入りの色に。バッグをもっ
てお散歩です！

つぶやき

お買い物に
行きましょう！

遊び +α

- シュシュをはめる動作は、靴下
  をはく動作のきっかけになりま
  す。着替えの際に、「同じだよ」
  と声をかけましょう。

Part **2** 手指を使うおもちゃ

伸ばす

はめる

考える

71

手指を使うおもちゃ

あおむしくん＆キャンディのひも通し

大好きなひも通しを、あおむしくんとキャンディのモチーフで作りました。集中力と、手先の器用さにつながります。

子どもの姿

⓪歳児 ①歳児 ②歳児　手指でつまんだり、穴に通す動作をする。好きな遊びを集中して行う。

主な材料

綿ロープ

何個つなげられるか試してみよう

あおむしくんを長くしてね！

✂ 作り方

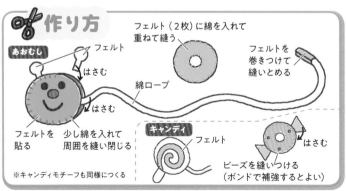

あおむし

フェルト

はさむ

はさむ

綿ロープ

フェルトを貼る

少し綿を入れて周囲を縫い閉じる

フェルト（2枚）に綿を入れて重ねて縫う

フェルトを巻きつけて縫いとめる

キャンディ

フェルト

ビーズを縫いつける（ボンドで補強するとよい）

はさむ

※キャンディモチーフも同様につくる

┃ 導入 🐻

ひとつひとつていねいに入れて

「穴に、ひもを通すんだよ」と、保育者が遊び方を示し、いっしょに遊びましょう。急かさないように、ひとつひとつ時間をかけて行います。

遊びこみのヒント

Part **2** 手指を使うおもちゃ

言葉かけ

**穴にひもを
通すんだよ**

▷ 立って試すと
やりやすい！

穴にひもを通して手を離すと、
ポトンと落ちるので、立ってチ
ャレンジ。うまくいきました！

ここに
こうしてね…

どんどん
できるよ！

▷ じっくりと
ひもを通して…えい！

穴にひもを通した後、ひもを上
にあげるとうまくいくことに気
づき、繰り返し試しました。

つまむ

通す

考える

遊び +α

> 太めのストローや花おはじきな
> どでパーツを増やし、順番を考
> えながらひも通しをしてもよい
> でしょう。

▷ 通す速さが
どんどんアップ！

何度かトライするうちにす
っかり慣れて、ひも通しの
スピードもアップ。手先を
細かく動かせるように。

ファスナーでこんにちは

ファスナーの開け方、締め方を練習できるおもちゃ。中に好きな写真を入れておき、楽しみながら遊びましょう。

子どもの姿

⓪歳児　①歳児　②歳児　手指を使って遊ぶ。手指の使い方を工夫したり、力加減をしながら遊ぶ。

なにが入ってるかな?

シューッと開けてみて!

✂ 作り方

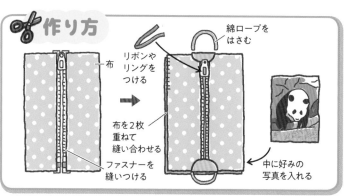

布

リボンやリングをつける

綿ロープをはさむ

布を2枚重ねて縫い合わせる

ファスナーを縫いつける

中に好みの写真を入れる

🐻 導入

押さえる手、動かす手を見せて

片手では開けにくいことを説明し、押さえる手と動かす手を支えていっしょに開けましょう。「中になにが入ってるかな?」と楽しく遊びます。

遊びこみのヒント

シューーーー

▶ 試行錯誤しながら 少しずつできた！

一方の手で押さえながら動かすと、開けやすくなることに気づき、少しずつ手をずらしています。

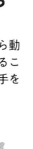

パンダさん！

ここを
押さえるの？

▶ スーッと 一直線にオープン！

開けてみると、大好きなパンダがいて大喜び！ 開けたり、閉めたりを何度もやってみます。

  遊び +α

中に入れる写真やイラストは子どもの興味・関心に合わせて変え、開けるワクワク感を大切にしましょう。

タンポポ
だったよ！

ボタンでアイスクリーム

ボタンのつけ外しに興味をもち始めたら、遊びながら練習しましょう。好きなアイスについて話しながら楽しんで。

子どもの姿

⓪歳児　1歳児　②歳児　自分で着替えたいという気持ちが強くなる。手指を使って、着せ替え遊びなどを楽しむ。

バニラをのせてね！

どの順番でもいいんだよ！

✂作り方

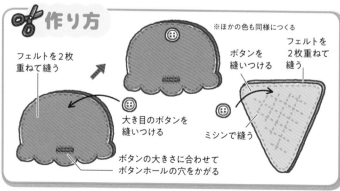

※ほかの色も同様につくる

フェルトを2枚重ねて縫う

ボタンを縫いつける

フェルトを2枚重ねて縫う

大き目のボタンを縫いつける

ミシンで縫う

ボタンの大きさに合わせてボタンホールの穴をかがる

導入🐻

途中から取り組むことで成功体験を積み重ねて

うまくできないと諦めてしまうので、途中までボタンをかけておき、段階にわけて取り組みます。ボタンをかけられたときには大いに褒めて！

遊びこみのヒント

▶ 途中からトライ、うまくいったよ！

保育者がボタンを途中までかけておき、通すところだけトライ！　うまくいってこの笑顔です。

イチゴアイス、完成だ！

ボタン、やってみたい！

▶ 床においてじっくり、コツコツ

自分なりにやりやすい方法を見つけられた様子。好きな順番を考えて取り組みました。

遊び +α

- ボタンの大きさを少しずつ変えたり、人形の服のボタンで練習したり、いろいろなバリエーションで試しましょう。

77

入れる・投げる・押す

動く・動かす おもちゃ

立っちや歩行を促したり、ものを動かすことを楽しんだり。動く・動かすおもちゃは考えながら遊ぶことができ、全身運動にもつながります。

それゆけ！手押し車

狙ったところに入ったー！

いろいろポットン

長〜いポットン

もっと
押してー

ブーブー自動車

動く・動かす
おもちゃのポイント

⓪ 歳児

入れて、音が鳴る、
それが楽しい!

ポットンなど、自分が入れた
ものが「ポトン」と鳴ること
に喜び、何度も繰り返します。
保育者が共に喜ぶことで、自
己肯定感が得られます。

1 歳児

歩行の安定で
遊びが広がる

少しずつ歩行が安定し、行動
範囲が広がることで遊びの内
容も広がります。くぐって遊
べるトンネルは、全身運動に
つながるのでおすすめ。

2 歳児

ボールを前に
投げられるように

ジャンプや鉄棒にぶらさがっ
たりもできるようになり、活
発に体を動かします。的あて
など、目当てをもって投げる
ことも楽しくなります。

いろいろポットン

プラスチックチェーンやホース、薄いカードなど、さまざまな素材を入れられるポットンおもちゃ。繰り返しいろいろな遊び方を楽しんで。

子どもの姿

0歳児 1歳児 2歳児　ものをつまんで、穴の中に入れたり出したりする。形や大きさの違いに気づく。

食べ物のカードも
入れられるよ

どうしたら
うまく入る？

✂ 作り方

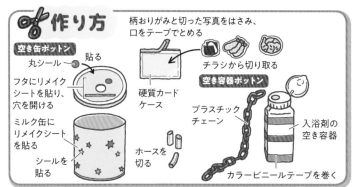

柄おりがみと切った写真をはさみ、口をテープでとめる

チラシから切り取る

空き缶ポットン

丸シール — 貼る

フタにリメイクシートを貼り、穴を開ける

ミルク缶にリメイクシートを貼る

シールを貼る

硬質カードケース

空き容器ポットン

プラスチックチェーン

入浴剤の空き容器

ホースを切る

カラービニールテープを巻く

🐻 導入

子どものそばに置いて
様子を見守ろう

入れるものをそろえ、子どものそばに置いて興味・関心をもつまで見守りましょう。カードの食材に注目できる言葉をかけてもよいでしょう。

🐰 遊びこみのヒント

🐱 つぶやき

リンゴ
ジュースだよ

▷ **ジュースに
見立てて…**

プラスチックチェ
ーンをリンゴジュ
ースに見立てつつ、
入れてはジャーッ
と出すおもしろさ
を、繰り返します。

高い
ところから
入るかな

ジャー
ジャー！

つまむ

入れる

落とす

▷ **真剣なまなざしで
出し入れ！**

大好きな遊びなので、じっく
り取り組んでいます。出し入
れにも、自分がやりやすいよ
うに工夫しています。

▷ **立ち上がって
そーっと**

座ったままではやりにくかったよう
で、立ち上がって狙いを定め、チェー
ンの先をボトルの穴に入れました。

狙った
ところに
入ったぞ

81

丸だから
ここだ！

言葉かけ

ポットン！
じょうずだね！

自分でお座りができるようになった
ら、遊べるおもちゃ。ホースが落ちた
音も楽しめました。

お野菜、
もぐもぐもぐ

▶ 食育にもつながる もぐもぐ遊び

食材のカードを見て、自分
の口にあててもぐもぐし、
細長い穴を狙って入れまし
た。

▶ 友達といっしょに ポットン、楽しい！

一人で遊んでいると、友達も「入れて」とやってきました。ホースを分け合って、いっしょに取り組みました。

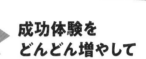

いっしょに やろう！

言葉かけ

やったー！ だいせいこう！

▶ 成功体験を どんどん増やして

全部入れられたら、保育者といっしょに「やったぁ！」。嬉しいときは共に喜び、成功体験を重ねていきましょう。

つぶやき

ここに 入れるー

▶ 時間がきたら 片づけにも挑戦

遊びの時間が終わりになったら、保育者といっしょにお片づけ。慣れてくると自ら行動できるように。

遊び+α

- 慣れてきたら、少し入れにくい形や、いろいろなサイズの穴を用意し、難易度をアップ。集中力がさらに高まります。

Part 3
動く・
動かす
おもちゃ

主な材料

タッパー

タッパーの型はめ

気軽に作ることができる、型はめおもちゃ。連続して入れたり、たくさん入れたり
することで満足感もアップします。

子どもの姿

⓪歳児　①歳児　②歳児　ものから手を離せる。ものをつまんだり、入れたりする。形や
大きさの違いに気づく。

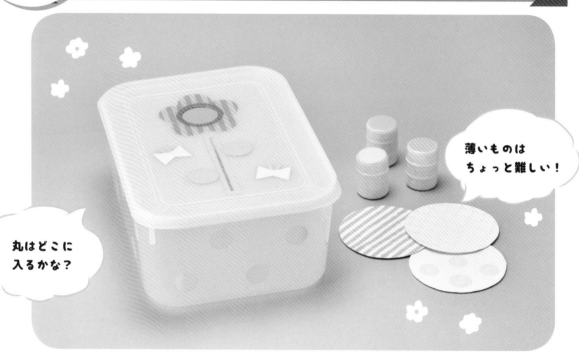

薄いものは
ちょっと難しい！

丸はどこに
入るかな？

✂作り方

※入れるものはたくさん用意する

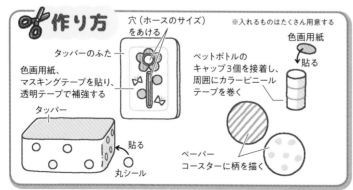

穴（ホースのサイズ）
をあける

タッパーのふた

色画用紙、
マスキングテープを貼り、
透明テープで補強する

ペットボトルの
キャップ3個を接着し、
周囲にカラービニール
テープを巻く

色画用紙
↓
貼る

タッパー

貼る

丸シール

ペーパー
コースターに柄を描く

導入

落ちた音を
いっしょに楽しんで

落としたときに「ポットン！」
といっしょに言って、楽しみ
ましょう。慣れたら、落とし
口の大きさや形、数を変えて
いくのもおすすめ。

🐰 遊びこみのヒント

見てて、
入れるよ！

▶ **入れるものと穴を
見比べて、ポトン！**

まずは入れるものと穴を見
比べてしっかり確認。「見
てて！」と言ってポトンと
落とします。

つぶやき
よし、
入ったぞ！

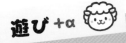

遊び +α 🐑

- 入れるものの素材を変えると、
  落ちたときの音が変わります。
- 落とすものの数を揃え、集中し
  て遊べるようにします。

ペーパーコースターのほうが難易度アッ
プ。できそうな場合はそばで見守り、自
分でできた自信をつけられるように。

言葉かけ

いっしょに入れよう、ポットン!

やった、やったぁ!

座れるようになったら、保育者といっしょにチャレンジ。手を添えて入れると大喜びです。

▶ 音がすると 体を揺らして反応

落ちるたびに鳴る「ポトン」と鳴る音に、体を揺らして喜びを表現します。もっとやりたい気持ちにつながります。

⚠

赤ちゃんは、ものをなめて確かめます。おもちゃは遊ぶたびに衛生面のチェックを。誤飲がないよう見守ります。

長〜いポットン

ペットボトルをつなげて2段、3段になっているポットンは、落ちる様子がよく見えて魅力的。じっくり時間をかけて遊びましょう。

子どもの姿

0歳児　1歳児　2歳児　　ものをつまんで、離すことができる。ものをじっくりと見て、仕組みを考える。

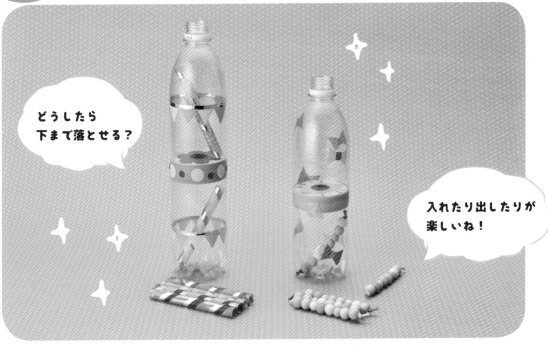

どうしたら下まで落とせる？

入れたり出したりが楽しいね！

作り方

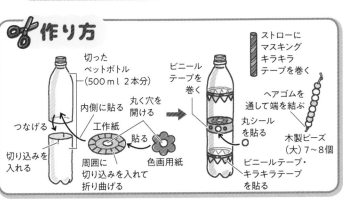

切ったペットボトル（500ml 2本分）

内側に貼る　工作紙

つなげる

切り込みを入れる

丸く穴を開ける

周囲に切り込みを入れて折り曲げる

色画用紙

貼る

ストローにマスキングキラキラテープを巻く

ビニールテープを巻く

ヘアゴムを通して端を結ぶ

丸シールを貼る

木製ビーズ（大）7〜8個

ビニールテープ・キラキラテープを貼る

導入

入れるところをいっしょに見て

入れ口がわかりやすいように置き、落とすところをいっしょに見て、その動きを楽しんで。出すときも手を添えて、集中が途切れないように。

87

主な材料　ペットボトル

🚩 友達の遊ぶ姿を まねして

友達の遊ぶ姿は、魅力的。やり方もよく見てまねをしています。

やりにくさに気づき、片手でボトルを持ち、もう片方の手でそっと入れました。こうした試行錯誤が思考力につながっていきます。

言葉かけ

見ててね、
はい、ポットン！

▶ キラキラストローが 落ちていく！

保育者が子どもの目の前で
ポットン。きれいな色のスト
ローの不思議な動きを、
目で追いました。

全部
出したいよー

▶ どうしたらうまくいく？ じっくり考えよう

なかなか一番下まで落ちず、どう
したらいいか考えて、ボトルをく
るくる回して解決！

回したら
下までいった！

▶ 逆さにして 振ってみた！

ストローを全部入れて、どうした
ら出せるか考えました。指を入れ
てもムリ？　入れることだけでな
く、出すことにも挑戦しています。

子どもが悩んでいてもすぐにヒント
を与えずに、見守りましょう。自分で考
えるための時間も必要です。

Part **3**
動く・動かすおもちゃ

つまむ

入れる

出す

89

坂道コロコロ

Part 3

動く・
動かす
おもちゃ

坂道を転がせる、2種類のおもちゃ。素材が違うので、転がり方にも変化が生まれます。転がり方や音の違いをいっしょに楽しみましょう。

子どもの姿

⓪歳児 ①歳児 ②歳児　転がるものに興味・関心をもつ。ものを自分の力で動かす遊びを楽しむ。

主な材料

段ボール

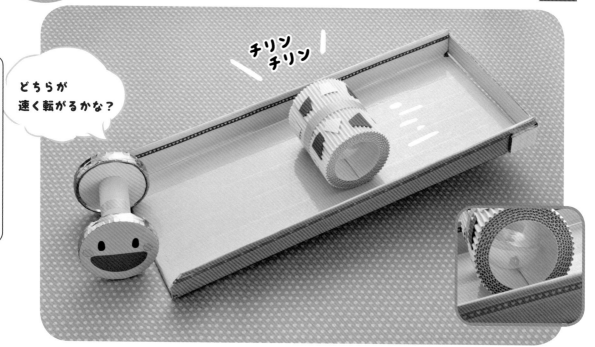

チリン
チリン

どちらが
速く転がるかな？

作り方

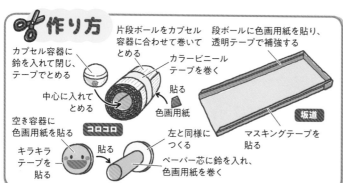

カプセル容器に鈴を入れて閉じ、テープでとめる

片段ボールをカプセル容器に合わせて巻いてとめる

段ボールに色画用紙を貼り、透明テープで補強する

カラービニールテープを巻く

貼る
色画用紙

中心に入れてとめる

空き容器に色画用紙を貼る

コロコロ

キラキラテープを貼る

貼る

左と同様につくる

ペーパー芯に鈴を入れ、色画用紙を巻く

坂道

マスキングテープを貼る

導入

高さを変えて速さを変えよう

保育者が転がして見せ、興味を誘います。坂道の傾斜を変えると転がすスピードが変わることを教え、いろいろな角度を試してみましょう。

🐰 遊びこみのヒント

言葉かけ

見ててね、
転がすよ！

▶ あれはなんだ？ 観察からスタート

保育者が転がすコロコロ
を、注意深く観察。すぐに
興味をもち、保育者といっ
しょに遊び始めました。

おもしろ
そう…

キラキラ
してるー

▶ 触って持って 愛着につながる

親しみのもてるモチーフ
や、キラキラしたものに興
味津々。形を確かめて、持
ったり離したりしました。

チリンって
音がしたよ

置く
転がす
追う

▶ 抱っこして 振ってみた

中の鈴がチリンと鳴ること
に気づき、抱っこしたり、
振ってみたり。片段ボール
の感触も楽しいようです。

言葉かけ

転がしてみる？
　　　　どうぞ

▶ **保育者のまねをして
転がしてみよう**

保育者に誘われて、斜めの
坂の上におもちゃを置いて
みます。

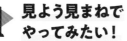

▶ **見よう見まねで
やってみたい！**

保育者や友達がやることを
じっと観察し、今度は自分
でやってみる。その繰り返
しで行動が広がりました。

コロコロ、
待て待てー

中にカプセル容器が入っていることに
気づき、指先でチェック。鈴の音にも
耳を傾けました。

おもちゃを転がして、はいはいで追い
かけっこ。遊び方は自由です！　方向
転換しながらたくさん動けました。

先生のやり方を
見てよう

▶ どうしたら
真っすぐ行くかな

保育者が転がす様子をじっ
くり観察。転がったら拾い、
保育者に「もう1回」と渡
しました。

こうかなー？

よし、
うまくいった！

子どもが自分でやりたそうにしていた
ら見守り、やりたいようにやってみる
時間を大切にします。

遊び +α

段ボールの坂道にボールを置いた
り、タイヤのついた自動車を置い
たりして、転がり方の違いを楽し
みます。保育者が援助しましょう。

試行錯誤を繰り返し、真っすぐ進む置
き方に気がつきます。発見の喜びを保
育者と共有します。

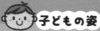

Part 3

動く・動かすおもちゃ

主な材料

空き箱

ブーブー自動車

0歳児にも持ちやすく、動かしやすい自動車おもちゃ。タイヤがくるくる回って楽しい！ 自分の力で転がしてみましょう。

子どもの姿

0歳児 **1歳児** **2歳児** 動くおもちゃに興味・関心をもち、動かそうとする。ものを見立てて遊ぶ。

発車しまーす！

ブーブー押してみて！

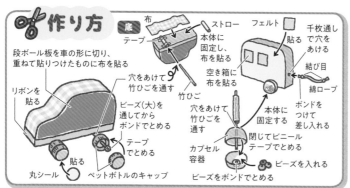

✂作り方

段ボール板を車の形に切り、重ねて貼りつけたものに布を貼る

リボンを貼る

ビーズ（大）を通してボンドでとめる

テープでとめる

丸シール

ペットボトルのキャップ

貼る

底

布

テープ

本体に固定し、布を貼る

ストロー

穴をあけて竹ひごを通す

ビーズを入れる

ビーズをボンドでとめる

カプセル容器

閉じてビニールテープでとめる

本体に固定する

穴をあけて竹ひごを通す

竹ひご

空き箱に布を貼る

フェルト

貼る

千枚通しで穴をあける

結び目

綿ロープ

ボンドをつけて差し入れる

導入

動かしながら言葉をかけて

最初は保育者が動かして「ブーブー、発車しまーす」などと言葉かけをして興味を引きます。坂道を走らせるなどの工夫をするのもおすすめ。

94

遊びこみのヒント

クルクル
動くんだ

▶ **くるくる回る
タイヤに興味津々**

手のひらサイズのタイヤが
くるくる回り、なんだか不
思議。時間をかけてくるく
る楽しみました。

ブーブー
車だ！

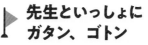

▶ **先生といっしょに
ガタン、ゴトン**

坂道から電車がビューン。保育者が動
かした電車のスピードに驚きつつ、「も
う1回！」と渡しました。

遊び +α

車や電車がテーマの音楽に合わ
せて、自分の思うように転がす
のも楽しいもの。イメージが広
がるような援助を心がけて。

ビューン！

それゆけ！ 手押し車

安定感バツグンの手押し車は、よちよち歩きの0歳児にぴったり。お気に入りのものを入れて、保育室内をお散歩しましょう。

子どもの姿

⓪ 歳児	① 歳児	② 歳児	

自分で立つことができ、歩く意欲がある。もう少しで歩行が安定する。

主な材料

段ボール

歩くたびに
鈴が鳴るよ

お気に入りの
おもちゃを入れよう

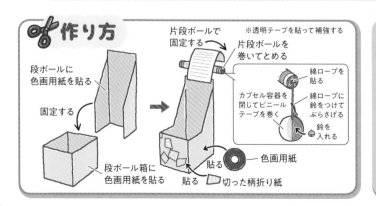

✂ 作り方

段ボールに
色画用紙を貼る

固定する

片段ボールで
固定する

※透明テープを貼って補強する

片段ボールを
巻いてとめる

綿ロープを
貼る

カプセル容器を
閉じてビニール
テープを巻く

綿ロープに
鈴をつけて
ぶらさげる

鈴を
入れる

段ボール箱に
色画用紙を貼る

貼る

貼る

色画用紙

切った柄折り紙

▌導入

歩くことに
興味をもてるように

はじめは保育者が持ち手を持って歩いて見せ、子どもが興味をもったら渡してみましょう。歩行に不安がある場合は、後ろから補助します。

96

🐰 遊びこみのヒント

▶ よいしょ、よいしょ なんだか楽しい

よちよち歩きの時期、持ち手を支えにしてさっそくお散歩。積極的にたくさん歩くことができました。

いっぱい
歩けるー！

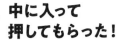

レッツ
ゴー！

▶ 中に入って 押してもらった！

自ら中に入り、保育者に押してもらうことに成功！ ゆっくり押してもらってご満悦です。

▶ お気に入りの おもちゃを載せて

好きなおもちゃを載せて、トコトコと移動を楽しみました。歩くたびに鳴る鈴にも興味をもちました。

 遊び +α

保育室内を自由に歩けるようになったら、廊下やテラスなど長い距離にもトライ。歩くことに慣れていきましょう。

お散歩
しまーす

リンゴの的あて

木にめがけてリンゴの玉を投げ、命中するとくっつきます。距離を調整して、少人数で楽しく遊びましょう。

子どもの姿

0 歳児　**1** 歳児　**2** 歳児　ボールやものを投げることができ、投げたい方向に向かって投げられるよう体の動きを調整する。

主な材料

トイクロス

木をめがけて
ポーン！

何個くっつけ
られるかな？

✂ 作り方

筒に縫って棒を通す

布（60cm 四方程度）

フェルト

縫いつける

フェルト
縫い
つける

上と同様にして
棒を通す

テープでとめる

ひもをつける

カプセル容器

トイクロスを縫いつける

ビー玉を入れる（おもり）

ひもでぶら下げる

玉 ※たくさんつくる

綿を入れて丸く整え、
上下を縫いとじる

布を筒に
縫う

フェルト
縫いつける

面ファスナーを
接着する

▌導入

高さや距離を
調整してスタート

最初は難しいので、近距離で子どもの身長に合わせた高さから始めましょう。競うのではなく、くっつく楽しさをみんなで共感して。

🐰 遊びこみのヒント

▶ **近い距離から
投げてみた!**

保育者の遊び方を見て、さっそくチャレンジ! 近い距離からリンゴを投げて、くっつくと大歓声があがりました。

> 😺 つぶやき
> セーの、
> えいっ!

> わたしは
> とる役〜

▶ **慣れてくると
コントロールも**

空いている上のほうを狙って、コントロールもできるように。友達と交互に投げました。

🐑 遊び＋α

「〇〇ちゃん、2つくっついたね」「いくつくっついたかな」などと、さりげなく数字と触れ合えるように言葉をかけます。

> 😺 つぶやき
> あそこに
> くっつけー

くぐろうトンネル

フープとレースカーテンを利用したトンネルで、はいはいやよちよち歩きの0歳児
をお散歩に誘いましょう。肌ざわりも優しい!

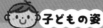 **子どもの姿**

0 歳児　**1** 歳児　**2** 歳児　　はいはいやよちよち歩きで移動する。移動することに意欲をも
っている。

主な材料

フープ

あっちまで
くぐれるかな?

先生のところまで
行ってみよう!

✂️ 作り方

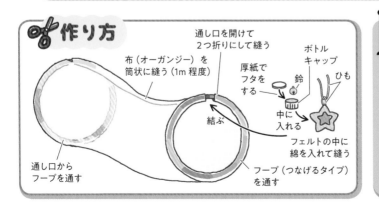

布（オーガンジー）を
筒状に縫う（1m程度）

通し口を開けて
2つ折りにして縫う

厚紙で
フタを
する

ボトル
キャップ

鈴

ひも

中に
入れる

結ぶ

フェルトの中に
綿を入れて縫う

通し口から
フープを通す

フープ（つなげるタイプ）
を通す

▌導入 🐻

保育者がゴールで
待ち構えて

出口でフープを支えている保
育者が、楽しく待ち構えると
子どもも安心。はいはいでも
歩いてでもくぐる楽しさを味
わえるようにします。

🐰 遊びこみのヒント

▶ **みんなでいっしょに
くぐってみよう**

保育者が誘うと、はいはい
でトンネルに入りました。
居心地がいいのか中でゆっ
たり！

ツルツルして
気持ちいいー！

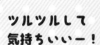

▶ **得意のはいはいで
どんどんくぐれる**

「はいはいでどうぞ」というと、得意
げに前進。何度もトンネルくぐりを楽
しみました。

▶ **保育者の笑顔に
安心！**

ゴールして保育者が拍手をする
と、安心したような笑顔に。また
スタート地点に戻りました。

遊び+α

- 布団やマットでなだらかな坂を
作り、その上でトンネル遊びを
しても。はいはいは手足の力の
発達につながります。

シンプル&
すぐできるのに
盛り上がる！

かんたん おもちゃ

ササッと作れるのに、子どもの遊びが広がるシンプルなおもちゃ4点を紹介。日々の保育にぜひ取り入れてみましょう。

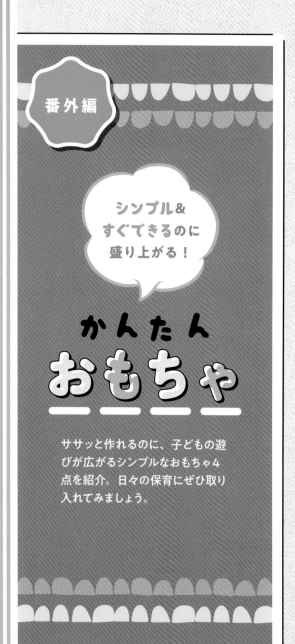

気持ちのよい風の吹く日、園庭でみんなで布を広げました。フワッと布が広がり、大喜びです。

かんたんおもちゃ｜1

風を受ける 大きな布

遊び方 **みんなで風を受けて 風と遊ぼう！**

5〜6人のグループで、布の端をもって園庭やベランダで風を感じましょう。パラバルーンのように遊ぶのもおすすめ。

それー！

キャー！

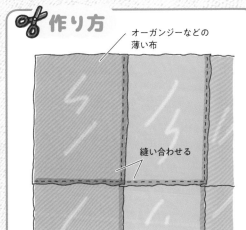

オーガンジーなどの
薄い布

縫い合わせる

みんないっしょで
楽しい！

風だ！

布越しに景色を楽しんだり、風の強さの違いを感じたり。布1つで、自然とひとつになれます。

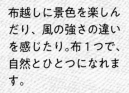

かんたんおもちゃ

103

かんたんおもちゃ **2**

どうぶつ
せんたくばさみ

遊び方
はさみ方は自由！
どのどうぶつを作る？

かには脚、ねこはヒゲ、ライオン
はたてがみ。それぞれの動物に注
目し、せんたくばさみを渡しましょ
う。

かにさん、
チョキチョキ…

せんたくばさみに慣
れた様子で、次々に
はさんで、かにの脚
を作りました。

ガオー！

たてがみをつけながら
「ガオー！」。絵本の話
を思い出しながら楽し
みます。

✂ 作り方

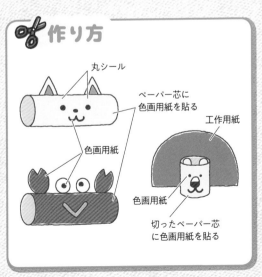

丸シール

ペーパー芯に
色画用紙を貼る

工作用紙

色画用紙

色画用紙

切ったペーパー芯
に色画用紙を貼る

なんでもボトル

ミルク
でーす

遊び方 **哺乳瓶にしたり
並べてみたり**

空き容器にぽんてんをあしらうだ
けで、子どもの想像力でさまざま
な遊びに使えます。数を揃えれば
並べて遊ぶなど、工夫も見られま
す。

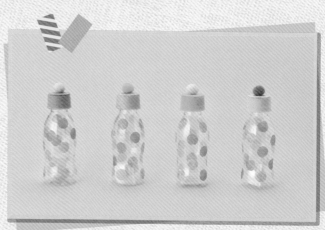

お人形さんを赤ちゃんのように抱っこして、ミルクをあげています。先生といっしょに優しく声をかけます。

おいしいって言ってるね！

アドバイス

香りを入れて・・・

バニラビーンズなどの天然香料を含ませたガーゼを中に入れ、「香りボトル」を作って嗅覚を刺激する遊びもできます。香りに敏感な子どももいるので、保育者が立ち会って行います。

バニラのにおい！

✂ 作り方

ぽんてん
貼る
フェルトを貼る
閉める
空き容器
シール

かんたんおもちゃ 4

くるくるフラワー

(ﾟ ∀ ﾟ)

保育者が台の上から落とす"くるくるフラワー"に歓喜！何度も拾っては渡すことを繰り返しました。

ぼくが取ってくるー！

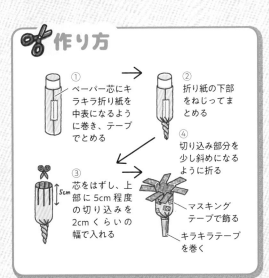

キャー！

青空に向かって手をのばし、回り方の違いや、高さの違いにも気づきます。

作り方

① ペーパー芯にキラキラ折り紙を中表になるように巻き、テープでとめる

② 折り紙の下部をねじってまとめる

③ 芯をはずし、上部に5cm程度の切り込みを2cmくらいの幅で入れる

④ 切り込み部分を少し斜めになるように折る

マスキングテープで飾る

キラキラテープを巻く

5cm

遊び方 子どもといっしょに作って落ちる様子を楽しんでも

かんたんに作れるので、製作遊びとして装飾を楽しんだ後に、みんなで落として遊んでも。風のある日に遊ぶのも◎。

ごっこ・見立て

見立て
おもちゃ

大人のまねをして遊ぶようになると、ごっこ遊び
が始まります。イメージが広がるようなおもちゃ
があれば、遊びももっと広がります。

平面の
着せかえちゃん

スポンジのお弁当

キッチンセット

きょうは
なに作ろう

ズボン
はけた！

くるくる！ 回転すし

見立て おもちゃ の ポイント

⓪ 歳児

いないいないばぁも
大人のまねから

まだ見立て遊びはしませんが、大人のいないいないばぁをまねするというように、大人のまねを楽しみます。1対1で愛着関係を結びましょう。

1 歳児

つもり遊びから
少しずつ初めて

積み木をごはんに見立てたり、ぬいぐるみにごはんを食べさせたり。つもり遊びを存分に楽しめるようなシンプルなおもちゃがおすすめ。

2 歳児

言葉でやりとりを
楽しめるごっこ遊び

友達とイメージを共有し、ごっこ遊びを楽しめるように。大好きなままごとなら、エプロン、食材などの素材を揃えるとよいでしょう。

Part 4

見立て
おもちゃ

主な材料

不織布

平面の着せかえちゃん

立体の着せ替え遊びの前段階にぴったりの、平面の人形。カラフルな洋服や靴の組み合わせを考え、かんたんに着せかえを楽しめます。

 子どもの姿

⓪歳児　①歳児　②歳児　自分で着替えられるようになり、服や身につけるものへの関心を示す。

すてきな服を
着せてね

組み合わせを
考えてみよう

✂ **作り方**

人形　洋服　※服は不織布で複数枚つくる

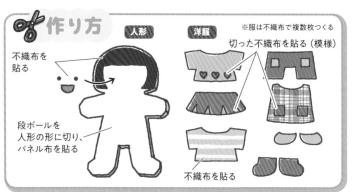

不織布を
貼る

切った不織布を貼る（模様）

段ボールを
人形の形に切り、
パネル布を貼る

不織布を貼る

🐻 **導入**

**どの服が
似合いそうかな？**

服を見ながら、「赤もあるよ」「ズボンはどれがいいかな」と、保育者と楽しく選んで。出来上がったら言葉のやり取りにつなげていきます。

遊びこみのヒント

このくつ、ぴったり！

かんたんにくっつくパネル布と不織布だから、気軽に着せかえができて、楽しそう！

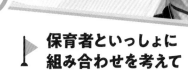

黄色い服、かわいいな

▶ 保育者といっしょに
組み合わせを考えて

「黄色のシャツ、どう？」という保育者からの問いかけに、ニッコリ。スカートは自分で選びました。

Part **4** 見立ておもちゃ

見立てる

選ぶ

いっしょに

▶ 友達のコーデも
すてきだね！

誘われて加わった友達もいっしょになってコーディネートを考えました。いっしょにやるとさらに楽しい！

こっちもいいと思うよ！

遊び +α

洋服は不織布で気軽に作れるので、種類や色を増やしたり、子どもの着ている服そっくりに作ったりしても楽しくなります。

113

Part 4

見立て
おもちゃ

スポンジのお弁当

おにぎりに合わせて、おかずはなににする？　たくさんの組み合わせを楽しめる
お弁当遊びは、食育にもつながります。

 子どもの姿

⓪ 歳児　1 歳児　2 歳児　お弁当に興味をもち、ままごとを楽しむ。保育者と言葉のやり
とりをする。

主な材料

スポンジ

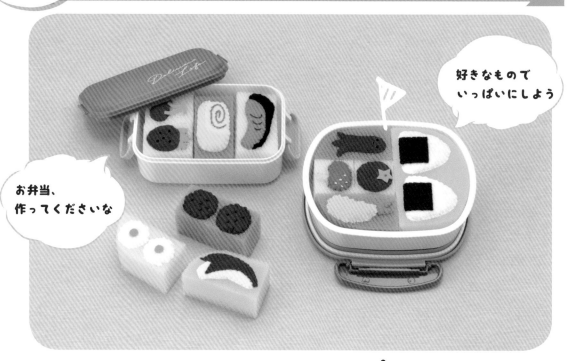

好きなもので
いっぱいにしよう

お弁当、
作ってくださいな

✂ 作り方

ほかの食材も同様にしてつくる
スポンジを切る

貼る　　フェルトを縫いつける

スポンジを切るコツ

厚紙でスポンジを圧縮して
はさんでからテープでとめ、よく切れるカッター
ナイフで弁当箱の形に切る。

市販の弁当箱に入れる

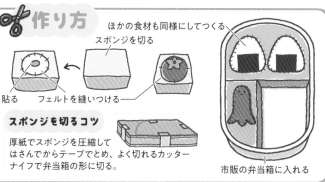

▌導入 🐻

ハンバーグかな、
エビフライかな？

たくさんおかずがあることを
示しながら、遊びに誘いまし
ょう。形や大きさに違いがあ
ることを伝え、さりげなく援
助します。

🐰 遊びこみのヒント

▶ **保育者といっしょに
好きなおかずを選んで**

たくさんある食材の
なかからおにぎりを
見つけて手に取り、
自分でお弁当箱に詰
めました。

🐼 言葉かけ

おにぎり、
大好きだもんね！

▶ **スポンジだから
ぎゅーっと押し込める！**

「どこに入れようか
な？」と考えながらお
かずのスポンジをぎゅ
ーっと押し込みまし
た。

どうしたら
入るかなぁ

 **遊び** +α 🐑

いろいろなサイズのお弁当箱を
用意したり、おかずやデザート
の種類を増やしたりすると、選
べる幅が広がります。

115

ミートボールも
大好き！

▶ もぐもぐもぐ…
パンを食べる仕草も

パンのスポンジを見つけると、思わずもぐもぐもぐ…。食べるまねを繰り返しました。

たまご焼き、
どうぞ！

▶ 順番を考えながら
きっちりと入れたい！

２歳児になると、食材の大きさを考えて、組み合わせを選びました。入れる順番も慎重です。

▶ 保育者の好物を
見つけて、どうぞ！

「先生、たまご焼きが好きなんだ」と声をかけると探し出し、「どうぞ！」と渡してくれました。

自分の大好物の組み合わせを目指して

好きなおかずだけのお弁当を作りたくて、じっくり選びます。選んだら大きさを考えながら詰めています。

選ぶ

詰める

食育

栄養や色どりも考えたよ！

「野菜はあったほうがいいんだよ」と、トマトやブロッコリーを選びました。家庭での会話も再現して、楽しく遊べました。

トマトも
体に
いいんだよ

おさんぽロボット

先端につけたカプセル容器を足に見立てて、いっしょにお散歩。どうしたらうまく歩くかな？　考えながら遊びましょう。

 子どもの姿

0 歳児　**1** 歳児　**2** 歳児　ものの動きを観察し、遊び方を工夫する。ものを見立てて、空想遊びを楽しむ。

主な材料

エアパッキン

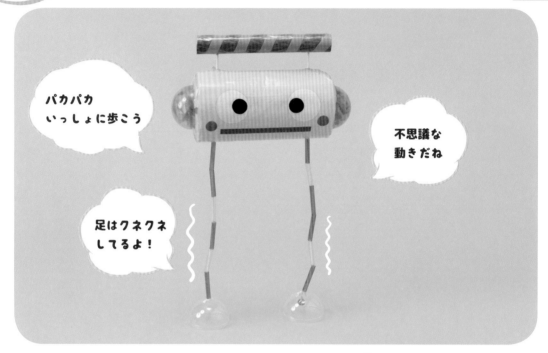

パカパカ
いっしょに歩こう

不思議な
動きだね

足はクネクネ
してるよ！

✂ 作り方

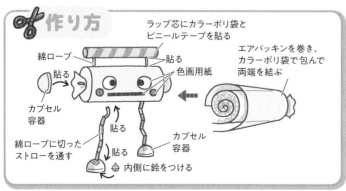

ラップ芯にカラーポリ袋と
ビニールテープを貼る

綿ロープ

貼る

貼る

色画用紙

貼る

カプセル
容器

綿ロープに切った
ストローを通す

貼る

貼る

カプセル
容器

🔔 内側に鈴をつける

エアパッキンを巻き、
カラーポリ袋で包んで
両端を結ぶ

▮ 導入

この子、
歩きたいんだって！

持ち手の動かし方の手本を示しながら、「この子、歩きたいんだって！」などと言葉をかけ、興味・関心を誘います。「パカパカ」と声をかけても。

遊びこみのヒント

うまく
いくかな〜

▷ そーっと歩くよ 1、2、1、2

保育者に動かし方を見せてもらい、まねして挑戦。「1、2、1、2」の声かけに合わせてそーっと歩かせます。

パウ
パウ

1、2、
1、2
歩けたよ！

歩けた！

▷ 友達といっしょに 歩かせよう

やってみたい友達もいっしょに、2人で肩を並べて1、2。保育室を歩き回りました。

遊び +α

慣れてきたら、音楽に合わせてタップダンスをしたり、ジャンプさせてみたり。いろいろな動きを楽しみましょう。

くるくる！ 回転ずし

本物のおすし屋さんみたいに、台がくるくると回転し、お皿とおすしをやりとりすることができます。グループで遊ぶと、会話もはずみそう！

 子どもの姿

0歳児 **1**歳児 **2**歳児　行ったことのあるお店の再現に興味をもち、ままごとを楽しむ。保育者や友達と言葉でやりとりして遊ぶ。

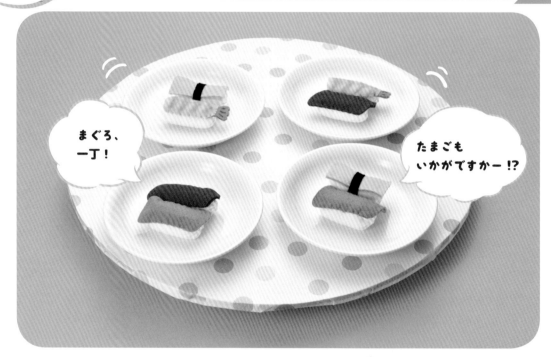

まぐろ、一丁！

たまごもいかがですかー！？

✂ 作り方

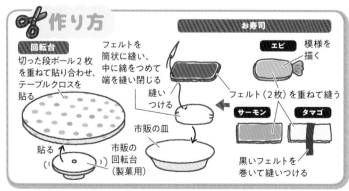

回転台
切った段ボール2枚を重ねて貼り合わせ、テーブルクロスを貼る

貼る

市販の回転台（製菓用）

フェルトを筒状に縫い、中に綿をつめて端を縫い閉じる

縫いつける

市販の皿

お寿司

エビ　模様を描く

フェルト（2枚）を重ねて縫う

サーモン **タマゴ**

黒いフェルトを巻いて縫いつける

▌導入

グループで遊び、やりとりの経験を

保育者を中心にしておすし屋さん、お客さんに分かれてグループで遊びましょう。「どうぞ」「ありがとう」と言葉のやりとりを楽しみます。

遊びこみのヒント

▶ ## 保育者と
いっしょに
ごっこ遊び

「見てー、おすしだよ」
と保育者が取り出す
と、子どもが集まりま
した。興味津々！

▶ ## お皿に載せて、
クルクル回す

保育者が「まぐろ、一
丁」と声をかけると、
まぐろを選んでお皿に
載せます。職人さんに
なれるかな？

まぐろです、
どうぞー

 ## 遊び +α

メニュー表、お金、値札などを
手作りすることで、文字や数字
に触れられます。興味をもつこ
とを大切にしましょう。

▶ **お店の人と
お客さんに分かれることに**

保育者が間に入り、お店の人とお客さんに分かれて遊びが始まりました。「ご注文どうぞ！」

くるくる

▶ **やってみたい子も
加わって…**

おすし屋さんに気づいた子がやってきて、「たまごください！」。仲間が増えます。

▶ **くるくる台から
おすしを取って…**

お客さん役になった子は、注文してくるくる台からおすしを取ります。「いただきます、ごちそうさま」も自然に出ました。

おいしい！

まぐろ、
交換しない？

いいよー、
どうぞ

言葉のやりとりで
分け合う姿も

まぐろを2つ持っている子に、「まぐろ、交換しない？」と自ら声をかけました。「いいよ」と、交渉成立です。

エビは
プリプリ！

「いらっしゃいませの窓」も
大活躍！

「いらっしゃいませの窓」（P.153）を使って、バージョンアップ！ お客さんとのやりとりが、盛んになりました。

遊び +α

子どもの要求に合わせて、すしネタを増やしたり、お茶やしょうゆといったパーツを増やしたりし、遊びが広がるように援助しましょう。

見立て
おもちゃ

おさんぽの友

人形に見立てて遊べる不思議なマスコット。軽いので、よちよち歩きをしながら
引っ張って歩けます。

子どもの姿

⓪歳児 ①歳児 ②歳児　歩行への意欲があり、散歩を楽しみにしている。保育者の声か
けによって見立てて遊ぶ。

主な材料

エアパッキン

いっしょに
お散歩しよう

抱っこ
してくれるかな？

✂作り方

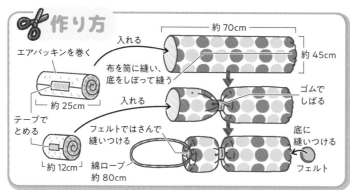

エアパッキンを巻く

入れる

布を筒に縫い、
底をしぼって縫う

約 70cm

約 45cm

約 25cm

テープで
とめる

入れる

ゴムで
しばる

フェルトではさんで
縫いつける

約 12cm　綿ロープ
約 80cm

底に
縫いつける

フェルト

▍導入 🐻

いっしょに
歩いてみる？

ペットに見立てて、「いっ
しょにお散歩しましょう」と、
保育室や廊下の散歩へ誘いま
す。子どもの歩みに合わせ、
転ばないよう補助します。

遊びこみのヒント

言葉かけ

おいで、
おいで〜

▶ **保育者の誘いに
興味を示して…**

「ほら、お人形だよ〜」とい
う言葉かけに、興味津々。ヨ
チヨチ歩きで近づきました。

▶ **愛着を感じて
ぎゅっと抱っこ!**

持っても軽く、カサカサという音
も気に入ったよう。抱きしめて音
の変化に気づきます。

持ち上げ
られるよ!

いっしょに
お散歩

遊び +α

イヌやネコに見えるように耳を
つけたり、目鼻をつけたりして
も◎。何かに見立てて、イメー
ジを広げましょう。

125

お医者さんごっこセット

ごっこ遊びを楽しめるグッズをプラスすれば、友達との遊びがもっと広がる！　見立て遊びにぴったりのセットです。

 子どもの姿

0 歳児　**1** 歳児　**2** 歳児　　自分が経験したことを再現して楽しむ。保育者や友達と言葉でやりとりする。

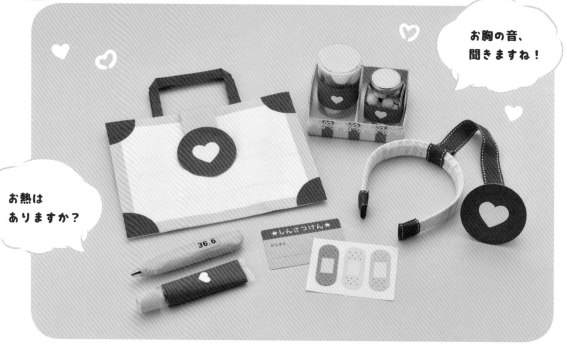

お胸の音、聞きますね！

お熱はありますか？

36.6

★しんさつけん
おなまえ

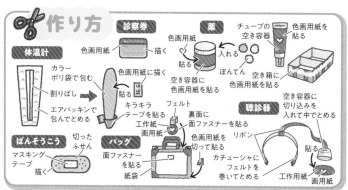

作り方

診察券
色画用紙を貼る
描く

薬
色画用紙を貼る
入れる
ぽんてん
空き容器に色画用紙を貼る

チューブの空き容器
色画用紙を貼る
空き箱に色画用紙を貼る

体温計
カラーポリ袋で包む
割りばし
エアパッキンで包んでとめる
色画用紙に描く
貼る 36.6
キラキラテープを貼る

聴診器
フェルト
裏面に面ファスナーを貼る
工作用紙
画用紙
色画用紙を切って貼る
空き容器に切り込みを入れて中でとめる
リボン
カチューシャにフェルトを巻いてとめる
貼る
工作用紙
画用紙

ばんそうこう
マスキングテープ
切ったふせん
描く

バッグ
面ファスナーを貼る
紙袋

導入

保育者がやりとりの手本を見せて

2歳児のグループ遊びでは、最初は保育者がいっしょに遊びましょう。手本となる言葉づかいやていねいなやりとりを心がけます。

126

🐰 遊びこみのヒント

▶ お人形の患者さんを ていねいに診察！

お人形の心音を神妙に聞きながら「今日はどうしましたか？」。ていねいに診察しています。

> うん、
> だいじょうぶですね

> お熱、
> はかりましょう

▶ みんながお医者さんでも 楽しい！

お人形が患者さんで、子どもたちはみんなお医者さん。保育者が流れを整理し、穏やかにやりとりできました。

> 🐼 言葉かけ
>
> 先生、
> 次の患者さんです！

遊び +α 🐑

「おなかが痛いそうです」「お薬、お願いします」と、子どもたちがイメージを共有できるように援助し、そのための物的環境も整えます。

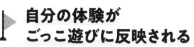

お薬で
治るからね！

自分の体験が
ごっこ遊びに反映される

自分が病院で体験したことを、ごっこ
遊びで再現。薬を塗ったり、ていねい
に服を着せたりしました。

しみますよ〜

ぺったん、
もう大丈夫！

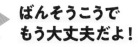

ばんそうこうで
もう大丈夫だよ！

「ばんそうこう、ぺったん！」と、
ていねいに貼りました。「もう、
大丈夫だからね」と優しい言葉
もかけていました。

グループでの遊びは大人が入り、トラブルにならないようにさりげなく援助します。

お熱、あがってないですか？

コミュニケーションで言葉が増える

ほかの子の遊びを見て、言葉がどんどん増えていきます。やりとりを楽しんでいます。

それ、貸してくれる？

貸して、取ってのお願いもていねいに

物の貸し借りの増えるごっこ遊びですが、「貸して」「いいよ」と、スムーズにやりとりできました。

主な材料

段ボール

キッチンセット

ままごと遊びの定番、キッチンセットも手作りだと遊びたいアイテムをプラスできます。本物そっくりで、子どもも大盛り上がり!

子どもの姿

0歳児 1歳児 2歳児

家庭での経験を再現して楽しむ。保育者や友達と言葉でやりとりする。

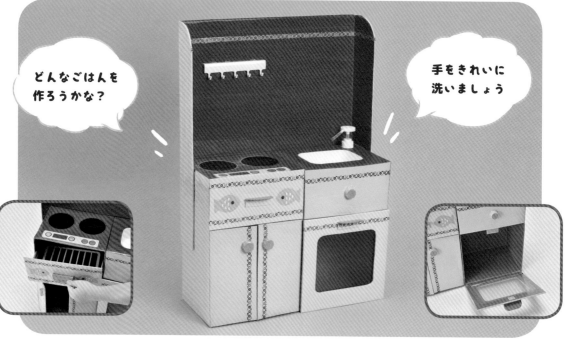

どんなごはんを
作ろうかな?

手をきれいに
洗いましょう

✂ 作り方

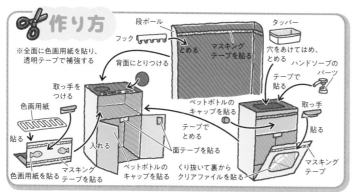

※全面に色画用紙を貼り、透明テープで補強する

段ボール

フック
とめる
背面にとりつける

マスキングテープを貼る

タッパー

穴をあけてはめ、とめる

ハンドソープのパーツ

テープで貼る

取っ手をつける

色画用紙

貼る

ペットボトルのキャップを貼る

テープでとめる

面テープを貼る

取っ手

貼る

入れる

マスキングテープを貼る

色画用紙を貼る

ペットボトルのキャップを貼る

くり抜いて裏からクリアファイルを貼る

マスキングテープ

📍 導入 🐻

小物も充実させて
遊びに広がりを

お手玉やおはじき、切った新聞紙など、どんなものにも生まれ変わる素材を用意し、料理したいものを作れるよう設定しましょう。

🐰 遊びこみのヒント

▶ **手をじっくり洗って
清潔をアピール!**

新しいキッチンセットに喜ぶ
子どもたち、まずは手を洗う
仕草をし、「手はきれいで
す!」と宣言!

> 🐱 つぶやき
> 手を
> ゴシゴシ
> 洗うよ

> 下の棚に
> おなべがあったはず

▶ **おうちと同じように…
キッチンを構成**

「ここで魚を焼くんだよ」「おた
まをここにかけよう」と、おう
ちで見たことを再現しました。

> お水、
> 止めますねー

> おうちと
> 同じだー!

🐑 遊び+α

調理器具や食器など、ごっこ遊び
を広げるために、どんな道具が必
要か、子どもといっしょに考えて
作るのもよいでしょう。

Part
5

友達といっしょが楽しい！

遊びが広がる
おもちゃ

平行遊びから少しずつ友達との関わりが始まり、
いっしょに遊ぶことが楽しくなります。みんなで
いっしょが楽しいおもちゃを紹介！

ほしキラ☆
トンネル

カエルくんパックン

ゲット！

トラック！ トラック！

ブッブー
ブーン！

キラキラ
だよ！

遊びが広がる おもちゃのポイント

⓪ 歳児

友達の存在を感じて 同じ遊びを楽しむ

近くの子がしていることに気づいたり、同じものを使いたくなったりします。いっしょに遊ぶ感覚はまだまだですが、保育者の仲立ちで楽しく遊びます。

1 歳児

大人を中心にして いっしょに遊んで

大人が仲介しながら友達といっしょに遊べる大型のおもちゃがおすすめ。少し難しいパズルをいっしょに解く、といった時間が距離を縮めます。

2 歳児

かんたんなルールのある 遊びも楽しい時期

友達のしていることに関心をもち、言葉でのやりとりもできるように。保育者の仲介によって友達との遊びにつながっていきます。

立体パズル

つみつみカップ

積み木のように積んだり、並べたりを楽しめるカップおもちゃ。たくさん用意し、自在に遊べるようにしましょう。

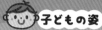**子どもの姿**

0歳児 **1歳児** **2歳児** 積み木を順番に並べたり、積み上げたりして遊ぶ。揃えたり、壊したりを繰り返して遊ぶ。

じょうずに
積めるかな?

中も
かわいいね!

✂作り方

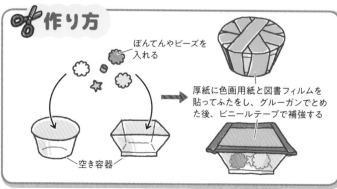

ぽんてんやビーズを
入れる

厚紙に色画用紙と図書フィルムを
貼ってふたをし、グルーガンでとめ
た後、ビニールテープで補強する

空き容器

導入🐻

形や色に注目し、
自由な発想に任せて

ビニールテープの色や、空き容器の形に言及しながら、子どもに渡してみましょう。自由に積んだり、分けたりする姿を見守りましょう。

🐰 遊びこみのヒント

▶ **友達といっしょに　遊び方を考えた**

「なんだかおもしろそう！」「なにができる？」。友達といっしょに触りながら考えます。

> こんな形も　あるよ

> 見て見て、　片手だよ

▶ **いろんな形を　積み重ねてみた！**

あえて不安定な重ね方にして、「落としたらダメだよ」と伝え、「せーの！」と見せ合いっこです。

 **遊び +α** 🐑

「黄緑→ピンク→青の順番」などと並べる順番を決めたり、高く積み上げたり。保育者もいっしょに試し、遊びが広がるきっかけをつくりましょう。

▶ **おもしろい重ね方を　試行錯誤**

底の狭いカップを積んで、次は丸を…。おもしろい重ね方に挑戦です。

お手軽お手玉

100円ショップで手に入る、いす用の脚カバーにアイロンビーズを詰めたかんたんなお手玉。どんな遊びにも転用できます。

子どもの姿

⓪歳児 ①歳児 ②歳児

ものをつかみ、離すことができる。並べたり、積み上げたりして遊ぶことを楽しむ。

なんにでもなる
不思議なお手玉!

いっぱいあると
楽しいね!

作り方

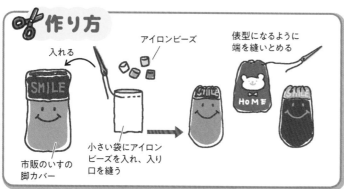

アイロンビーズ

俵型になるように
端を縫いとめる

入れる

SMILE

市販のいすの
脚カバー

小さい袋にアイロン
ビーズを入れ、入り
口を縫う

SMILE HoME SMILE

導入

**年齢にあわせた
環境設定を**

箱もいっしょに渡せば移し替え遊びが始まり、たくさん用意すれば構成遊びやごっこ遊びの素材に…と、年齢にあわせた設定をしましょう。

🐰 遊びこみのヒント

▶ 箱に入れたり、出したりが楽しい!

0歳児では、箱といっしょに渡すだけで、入れたり出したりが始まりました。

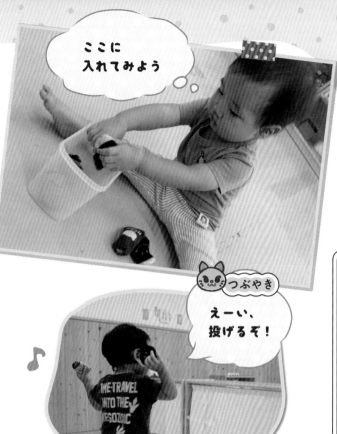

> ここに入れてみよう

😺 つぶやき

> えーい、投げるぞ!

▶ 指先を動かして細かな遊びも

指先で触り心地を楽しんだら、ポットンの穴に入れました。指でそっと落として、入ったー!

遊び +α 🐑

さまざまな色や形のお手玉をそろえ、ごっこ遊びの素材に使ったり、色や形ごとに箱に分けるなど、遊びを発展させるのもよいでしょう。

> 並べてみたんだ〜

▶ 床の線にあわせて並べてみた!

保育室の床板の線にあわせて、並べたり、動かしたり。お手玉で見立てて、ストーリーを楽しみます。

ブーブーマップ

道と道をつなげて、ミニカーを走らせることのできるマップ。もっと広げたり、ストーリーを作ったりしても楽しそう！

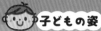子どもの姿

| 0 歳児 | 1 歳児 | 2 歳児 |

自分なりの遊びのイメージを言葉で表したり、動きで表現したりして遊ぶ。車の役割に関心をもつ。

主な材料 | スチレンボード

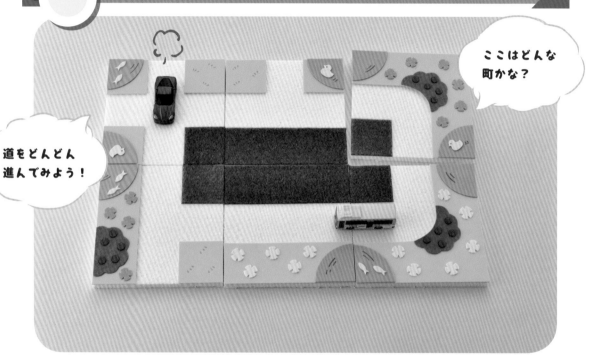

ここはどんな町かな？

道をどんどん進んでみよう！

✂️作り方

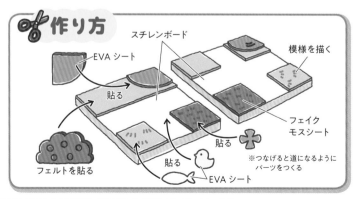

- EVAシート
- 貼る
- スチレンボード
- 模様を描く
- フェルトを貼る
- 貼る
- 貼る
- フェイクモスシート
- EVAシート
- ※つなげると道になるようにパーツをつくる

▌導入 🐻

いっしょにつなげてお話をつくっても

バラバラのマップを、パズルのようにつなげながら、「池があるね」「緊急車両、出発ー！」などと、お話の設定を話すのもよいでしょう。

遊びこみのヒント

▶ **大好きなミニカーを
どんどん走らせた！**

「出発します」「曲がります」
などと言いながらミニカーを
走らせ、「到着！」と言うと
ミニカーを交代させました。

ウー、ウー、
パトカーです

▶ **自分なりのマップで
ストーリーを作って**

自分なりに考えて道をつくり、パトカ
ーを走らせます。「事故です、事故です」
と、ストーリーも作ります。

道が
こわれた～

遊び+α

さらにマップを広げたり、自分た
ちの住む町を再現したマップをつ
くるのもおすすめ。高速道路や駐
車場があっても盛り上がります。

▶ **困ったときは
保育者を呼ぶ姿も**

勢いあまってマップがずれること
もありますが、自ら保育者に助け
を求めることができました。

立体パズル

立方体で絵合わせをする、立体パズル。ちょっぴり難しいですが、時間をかければ大丈夫。援助し、成功体験につなげましょう。

子どもの姿

0歳児	1歳児	2歳児

平面のパズルで遊んだり、積み木をするなど、並べたり、積み上げたりする遊びを楽しむ。

主な材料

牛乳パック

揃ったら
スッキリ！

ほかにはどんな
絵があるかな？

✂ 作り方

正方形の色画用紙に絵を6面分描き、それぞれ4等分する

※同様に動物もつくる

牛乳パックを切り、立方体をつくる（4個）

詰める

とめる

新聞紙を丸める

貼る

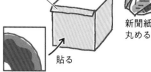

※全体に透明テープを貼って補強する
※動物バージョンも同様に作る

▌ 導入 🐻

いっしょに悩んで組み立てよう

はじめは積み木やブロックのような遊び方でもOK。興味をもったら、いっしょに悩みながら、正解に導きつつ、子ども主導で遊びましょう。

🐰 遊びこみのヒント

▶ 保育者といっしょに 高く積み上げた！

保育者といっしょに、高く
積み上げたら、次は壊すお
もしろさに気づきました。

ばーん！！

言葉かけ

次、そっと
置いてごらん

▶ 動物のイラストに 気づきつつ…

うさぎの耳のイラストに気づき、「う
さちゃん」とつぶやき、そっと上に別
のパーツを重ねます。

つぶやき

…
うさちゃん？

遊び +α 🐑

絵合わせが難しい時期は、保育
者がいっしょに遊び、ヒントを
出しながら進めます。「ここに
耳があるよ」と示しながら遊ぶ
とよいでしょう。

Part 5
遊びが広がるおもちゃ

合わせる

考える

積む

つぶやき
これとこれが
ネコだから…

▶ クルクル回しながら 絵を見比べて…

両手でパーツをクルクルと
回しながら、絵を見比べて
考え中。色もヒントになり、
ピンときたよう。

ほら、
つながったよ！

▶ そっと絵を近づけると ピタッと合った！

「ほら、目と目がくっつく
よ」と言いながら、正解に
近づきました。

ネコちゃんが
できたよ！

▶ できたら、別の 絵合わせに取り組んだ！

ネコができて、保育者といっし
ょに手を叩いて喜び、すぐに次
の動物の絵合わせに取り組みま
した。

これは
パンダだよね

▶ **パンダの耳と…**
これはなんだ？

いろいろな動物の耳や口
などに気づくものの、う
まく並べることができま
せん。

 つぶやき

うーん、
こうかなぁ…

わからなく
なってきちゃった…

▶ **色に気づいて**
並べ始めた！

パンダのオレンジ色の背景
に気づき、クルクルと回し
て並べています。

▶ **やっているうちに**
迷いはじめて…

ウサギ？　ネズミ？　色と
りどりの動物に目を奪わ
れ、パンダのことを忘れて
しまいました。

▶ **やっぱり積んで**
遊ぶことにした！

だんだんわからなくなって
しまい、気分を切り替えて、
今度は積み上げて遊ぶこと
に興味が移りました。

カエルくんパックン

ペットボトルとスポンジを利用したおもちゃ。ゲーム性が高いので、少人数のグループから始めましょう。

👶子どもの姿

⓪歳児　①歳児　②歳児　ルールのある遊びに興味をもち、簡単なルールのある遊びを楽しむ。友達のしていることに関心をもつ。

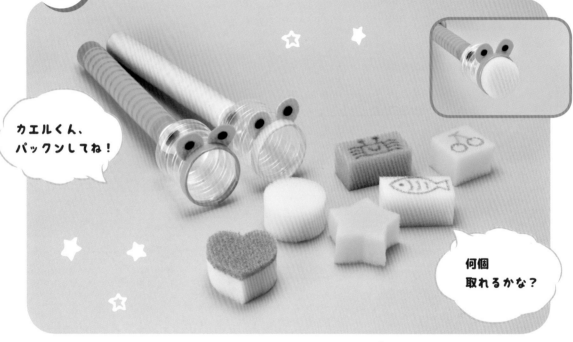

カエルくん、
パックンしてね！

何個
取れるかな？

✂作り方

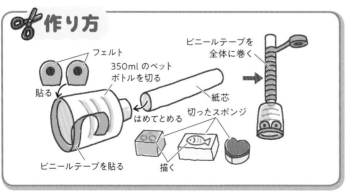

フェルト

貼る

350mlのペットボトルを切る

紙芯

はめてとめる

ビニールテープを貼る

切ったスポンジ

描く

ビニールテープを全体に巻く

📍導入 🐻

はじめにルールを説明しよう

「1つずつパックンしてね」「最初はハートから取るよ」など、かんたんなルールを設定し、説明しましょう。譲り合うことも伝えます。

遊びこみのヒント

▶ **保育者の説明を
じっくり聞いて…**

保育者がかんたんなルール
や遊び方を説明するのを静
かに聞き、挑戦！ スポン
ジをゲットです！

えいっ、
取れるかな？

つぶやき

やったぁ、
取れたよ！

▶ **取れたスポンジを
外して次の子に**

「代わりばんこよ」と保育
者に言われていたので、取
れたスポンジを外して次の
子に手渡します。

遊び +α

スポンジの色によってかんたん
な点数をつけたり、チームに分
けて行うなど、かんたんなルー
ルを設定すると、集団遊びが盛
り上がります。

▶ **やりにくいときは
自分で考えて**

取りにくさを感じて、ひざまづいて、
手を添えてパックン！ 力の入れ具合
を調整します。

よーし、次は
黄緑だ！

▶ 狙いを定めて
やりやすい方法で

左手のほうがやりやすいことに気づき、自分で狙いを定めてパックン！　友達にも見せます。

▶ 友達のやり方を見て
学ぶ姿も

交代しながらパックンすることで、友達のやり方をじっと見つめて、よりよい方法に気づく子も。

見て！
取れたー！

スポンジを少し転がしてやりやすい角度にしたり、持ち方を変えてみたり。創意工夫がみられました。

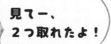
見てー、
2つ取れたよ！

▶ スポンジの特性に気づいて2つ！

ギュッと力をこめると、2つ一気に取れることに気づきました。友達にほめられ、鼻高々です。

▶ もしかして まだいけちゃう!?

2ついければ、3つ目もいける!? やってみたい気持ちが芽生えて、トライ！

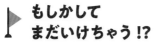

▶ ギュウギュウに 詰まっちゃったね

押しつぶされたスポンジを、指先を使って取り出しました。新しい遊び方を見つけて、ホクホクです。

トラック！トラック！

自動車に興味をもつ子どもに大人気の、大きなトラック。自分が乗ったり、お気に入りのものを入れたりと大活躍します。

子どもの姿

| 0 歳児 | 1 歳児 | 2 歳児 | はいはいや歩行を楽しむ。保育者とのやりとりを楽しみ、友達のしていることに関心をもつ。 |

好きなものを入れてもいいよ

乗ってもだいじょうぶ！

✂ 作り方

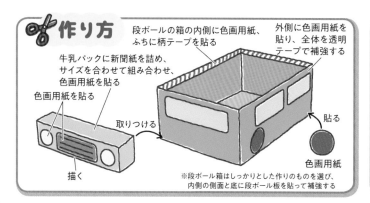

段ボールの箱の内側に色画用紙、ふちに柄テープを貼る

外側に色画用紙を貼り、全体を透明テープで補強する

牛乳パックに新聞紙を詰め、サイズを合わせて組み合わせ、色画用紙を貼る

色画用紙を貼る

取りつける

描く

貼る

色画用紙

※段ボール箱はしっかりとした作りのものを選び、内側の側面と底に段ボール板を貼って補強する

▌導入

ブーブートラックだよ！

一目みれば飛びつく子もいる車のおもちゃ。勢いよく押して床に顔をぶつけないよう見守り、広いスペースを確保しましょう。

🐰 遊びこみのヒント

🚩 **かっこいいトラックに
ワクワク!**

ガッシリと頑丈で、かっこ
いいトラックに一目ぼれ。
後ろから押して、はいはい
で保育室を進みます。

途中で好きなおもちゃを載せて、
選んでは出したり、入れたり。少
し重くなったトラックを、誇らし
げに押しました。

遊び +α 🐑

色違いや、別の車種で作り、友達とい
っしょに押して歩いたり、ものの出し
入れを楽しんだり。トラックがテーマ
の絵本を読むのもおすすめです。

🚩 **自分が中に入って
押して、と催促!**

ちょうどいいサイズだったのか、中に
座って、押してほしそうにしました。
最後に保育者が押すと大喜びでした。

大きなコの字

牛乳パックを組んで作った、コの字のおもちゃ。置き方を変えれば、遊び方もいろいろ。興味・関心に合わせてアレンジしましょう。

子どもの姿

0歳児 1歳児 2歳児　はいはいや歩行が安定し、立ったり座ったりなど体を動かすことを楽しむ。友達のしていることに関心をもつ。

主な材料

牛乳パック

子どもサイズの
スペースに！

つかまり立ちにも
ピッタリ！

作り方

※コの字になるようにテープでつなげる。表面に色画用紙を貼り、透明テープで補強する。

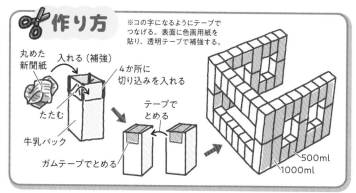

丸めた新聞紙
入れる（補強）
たたむ
牛乳パック
ガムテープでとめる
4か所に切り込みを入れる
テープでとめる
500ml
1000ml

導入

安全を確保してから遊びに誘って

大型のおもちゃは、広いスペースで安全を確認してから遊びます。「囲まれて楽しいね」と声をかけ、安心できる場所であることを伝えて。

遊びこみのヒント

Part **5**
遊びが広がるおもちゃ

くぐる

立っち

囲まれる

**トンネル
通過〜！**

▶ **はいはいで
何度もくぐり抜け！**

保育室の中央に設置すると、自然にはいはいで通る姿が。友達に続いて、次々にくぐり抜けます。

▶ **みんなで通ると
なんだか楽しい！**

くぐり抜けて保育者と目が合うと、思わず笑顔に。得意げに何度も何度も、はいはいをして通ります。

**顔も
出せるよ**

 ## 遊び +α

門のように置いたり、コの字に置いたり、置き方は自由自在。危険がないように見守りながら、いろいろな置き方で遊び方を見つけてみましょう。

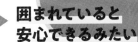

▶ **囲まれていると
安心できるみたい**

小部屋のように囲まれる感覚が楽しいのか、好きなおもちゃを持って顔を出す姿もみられます。

ちょうどいい
高さだなぁ

▶ ボールをポンッ！
ナイス、ゴール！

保育者がボールを手渡す
と、穴にめがけてシュー
ト！ ゴールを決めるとパ
チパチと手を叩きました。

主な材料

牛乳パック

▶ 立っちの練習にも
一役買って…

立っちをしたい時期、ちょうどいい高
さを見つけて背伸び中。友達の様子を
みて、立っちの練習になりました。

ビックリ
したかな !?

はいはいでコの字の下に行ったかと思うと、友
達に向かって、いない、いなーい…。

ばぁ！ 友達の存在を理解し、いっしょに遊ぶ
楽しさを少しずつ感じているようです。

いらっしゃいませの窓

ごっこ遊びのお店としても使える、カーテンつきの窓。絵本を読んだり、シアターの舞台になったりと使い勝手はいろいろです。

 子どもの姿

0歳児 1歳児 2歳児 ごっこ遊びなど、見立てる遊びに興味をもつ。保育者や友達とのやりとりを楽しむ。

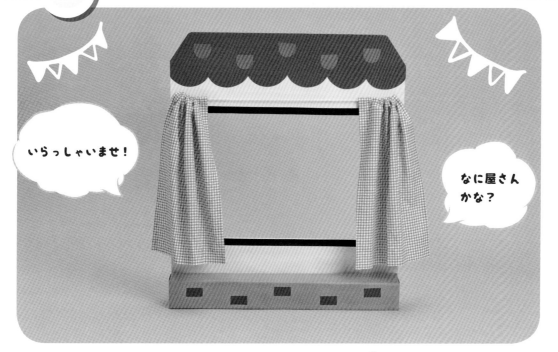

いらっしゃいませ！

なに屋さんかな？

✂作り方

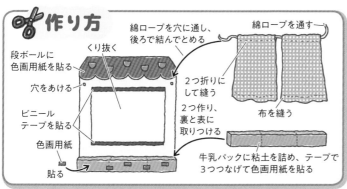

段ボールに色画用紙を貼る
くり抜く
穴をあける
ビニールテープを貼る
色画用紙
貼る
綿ロープを穴に通し、後ろで結んでとめる
綿ロープを通す
2つ折りにして縫う
2つ作り、裏と表に取りつける
布を縫う
牛乳パックに粘土を詰め、テープで3つつなげて色画用紙を貼る

導入 🐻

ごっこ遊びの展開に投入しても

テーブルでのごっこ遊びが深まり、次の展開が求められたら設置してみましょう。最初は保育者がやりとりを楽しめるよう援助します。

🐰 遊びこみのヒント

お店、
オープンでーす

▶ カーテンをそろそろと開けて…

コーナーに設置すると、すぐに子どもが集まり、カーテンをそろそろと開け始めます。

▶ お客さん役と店員さん役に分かれて

自然な流れで役を分けて、「いらっしゃいませ」「おすし、ください」とやりとりが始まりました。とても楽しそう！

▶ イメージを共有して世界が広がる

「いま、それは品切れです」「じゃあ、納豆巻きください」と、同じイメージを共有して遊ぶことも。

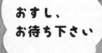

▶ **お客さんが
列になり始めた⁉**

次のお客さんがやってきます。「おすし、くださいな」「お待ちください」と、おすし屋さんは大忙しです。

♪ 🎵

**次は
なに屋さんやるー？**

▶ **なに屋さんにでも
なれるよ！**

おすしやさんがひと段落つくと、次のお店やさんを思案中⁉ カーテンを開けたり締めたりして、いっしょに考えています。

遊び +α 🐑

保育者が絵本や紙芝居を読む台にしたり、手遊びの手本を示すときに使ったり。子どもの注目を集めたいときにも使えるアイテムです。

▶ **友達と笑いあうのが
楽しいね！**

窓のあちらとこちらで、友達同士でニッコニコ。友達といっしょがうれしい時期、どんな遊びも盛り上がります。

ほしキラ☆トンネル

中に入れる大きなサイズのトンネル。小窓を開けたり、色とりどりの星を眺めたり。
いろいろな不思議を楽しみましょう。

子どもの姿

0歳児 **1歳児** **2歳児** はいはいや歩行などの移動が安定する。めくる、開ける、覗くなどし、興味のあるものに関わろうとする。

主な材料

段ボール

入ってみると
不思議だよ！

はいはいで
入ってみよう

✂ 作り方

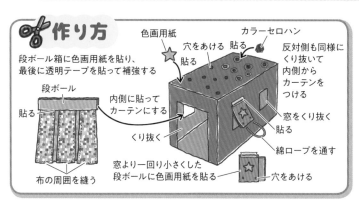

段ボール箱に色画用紙を貼り、最後に透明テープを貼って補強する

色画用紙

穴をあける
貼る
貼る

カラーセロハン
貼る

反対側も同様にくり抜いて内側からカーテンをつける

段ボール
貼る

内側に貼ってカーテンにする

くり抜く

窓をくり抜く
貼る

綿ロープを通す

窓より一回り小さくした段ボールに色画用紙を貼る

穴をあける

布の周囲を縫う

導入 🐻

最初はカーテンをあげて安心感を

薄暗い中に入るのは最初は怖いもの。カーテンを開けて、中が見える状態にして、「はいはいでどうぞ」と楽しく誘いましょう。

遊びこみのヒント

言葉かけ

見てごらん、
きれいだよ！

▶ なんだか気になる 光の色だな…

保育者が声をかけ、小窓から中を覗きました。色とりどりの光に不思議顔です。

近づいて
見てみよう

▶ なんだかやっぱり 気になるなぁ

自分で小窓を開けたり閉めたりしながら、中の様子をうかがっています。

遊び +α

- はいはいで通り抜ける遊びの際は、入り口と出口を設定し、中でごっつんこしないように配慮を。段ボールの中で渋滞しないよう外から声をかけます。

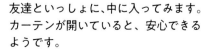

友達といっしょに、中に入ってみます。カーテンが開いていると、安心できるようです。

▶ 慣れてきたら 光を楽しもう

はいはいで何度か通り過ぎたら、カーテンを下ろしても大丈夫。色とりどりの光に心を奪われました。

きれい！

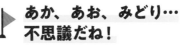

▶ あか、あお、みどり… 不思議だね！

中で座って、色とりどりの光を見つめています。「なんだかキレイ」と、不思議そうな表情です。

▶ 光の先に 指をもっていって 確認してみた

セロハンに指をあて、指に色が反射する様子も確認します。不思議なことは触って確かめます。

キレイだなぁ

▶ 中にいる子に
いないいない、ばぁ！

段ボールの中にいる友達に
向かって、小窓からばぁ！
友達との触れ合いもうまれ
ます。

▶ 暗さにも慣れて
ニコニコ笑顔に

最初は警戒していた段ボール
の中の暗さにも慣れ、小窓か
ら笑顔でこんにちは。

▶ ひとりでトンネルも
進めるよ！

ひとりで中に入り、中の光を堪能し、
ひとりではいはいで出てきました。大
好きな遊びのひとつになりました。

監修

西坂小百合（にしざかさゆり）

東京学芸大学大学院連合学校教育学研究科修了。博士（教育学）。現在、共立女子大学家政学部児童学科教授。専門は発達心理学、幼児教育学、保育学。研究テーマは保育者の専門的成長とストレスの関係。

実践協力

学校法人 日本大学認定こども園

江口マミ子園長のもと、日本大学の教育理念である"自主創造"を大切にしながら、のびのびとした環境の中で興味や関心をもち、「意欲的に学ぶ力」「友達とかかわる力」「あきらめずに挑戦する力」を育てている。

スタッフ

カバーデザイン●コダイラタカコ
本文デザイン●池田香奈子
ＤＴＰ●有限会社ゼスト
おもちゃ製作●おおしだいちこ、尾田芳子、
　　　　　　　　くるみれな、つかさみほ、
　　　　　　　　町田里美、みさきゆい、
　　　　　　　　もりあみこ

本文イラスト●わたいしおり
撮影●林均、矢部ひとみ
撮影協力●セントラル株式会社、ふーちゃん
編集協力●株式会社スリーシーズン
編集担当●小髙真梨（ナツメ出版企画株式会社）

実践! 0・1・2歳児
わくわく手作りおもちゃ

2021 年 3 月 5 日　初版発行

監修者	西坂小百合	Nishizaka Sayuri,2021
発行者	田村正隆	

発行所　　**株式会社ナツメ社**
　　　　　　東京都千代田区神田神保町 1-52 ナツメ社ビル 1 F（〒 101-0051）
　　　　　　電話　03（3291）1257（代表）
　　　　　　FAX　03（3291）5761
　　　　　　振替　00130-1-58661
制　作　　**ナツメ出版企画株式会社**
　　　　　　東京都千代田区神田神保町 1-52 ナツメ社ビル 3 F（〒 101-0051）
　　　　　　電話　03（3295）3921（代表）
印刷所　　**図書印刷株式会社**

ISBN978-4-8163-6975-9　　　　　　　　　　　　　　　Printed in Japan

ナツメ社Webサイト
https://www.natsume.co.jp
書籍の最新情報（正誤情報を含む）は
ナツメ社Webサイトをご覧ください。